스토리텔링
불변의 법칙

Write Your Own Myths
© 2021 Quarto Publishing plc
First Sterling edition published in 2021
All rights reserved.

Korean translation copyright © 2022 by BOOKSETONG Co., Ltd.
This Korean edition is published by arrangement with The Quarto Group through YuRiJang Literary Agency.

이 책의 한국어판 저작권은 유리장 에이전시를 통해 저작권자와 독점 계약한 (주)북새통에 있습니다.
저작권법에 의하여 한국 내에서 보호를 받는 저작물이므로 무단전재 및 복제를 금합니다.

스토리텔링 불변의 법칙

필립 위맥 지음 | 아넷 피르소 그림 | 이현숙 옮김

머리말

영감을 불러일으키는 이야기를 찾아서

글쓰기가 가져다주는 즐거움뿐만 아니라 글을 쓰면서 생기는 어려움조차 나에게는 대단히 중요한 일입니다. 여러분이 글쓰기를 직접 체험하고 즐길 수 있도록 이 책을 펴내게 되어 무척이나 감격스럽습니다.

나는 종이에 펜으로 글을 쓰는 걸 좋아하지만 마감일이 다가올 때는 사용하기 힘든 글쓰기 방법입니다. 하지만 컴퓨터 화면과 집중을 방해하는 많은 것에서 벗어나 초안을 직접 펜으로 작성하는 것은 꽤 유용한 일입니다. 뇌와 손은 유기적으로 연결되어 있습니다. 이 책에 습작노트를 마련해 둔 것도 이 때문입니다. 책을 읽으면서 떠오르는 생각이나 영감을 바로바로 적어두면 스토리텔링으로 발전시키는 일이 훨씬 쉬워집니다. 책을 아까워하지 말고 낙서장처럼 끄적거리면서 마음껏 탐험하세요.

나는 많은 책과 이야기와 그림에서 영감을 얻습니다. 내가 영감을 작품에 활용한 사례를 간단하게 몇 가지 소개하겠습니다.

나의 첫 번째 소설인 『The Other Book』은 멀린과 비비안의 전설에서 영감을 받았습니다. 비비안은 멀린의 힘을 탐내는 마법사였지요. 그녀는 노인을 속여 마법을 넘겨받고는 그를 영원히 가두어버립니다. 나는 궁금했어요. 만약 그들에게 아이가 있었다면 어땠을까? 아이가 있어도 마법을 지키는 걸 임무로 생각했을까요?

두 번째 소설인 『The Liberators』는 런던의 내셔널갤러리에 걸려 있는 티치아노의 디오니소스 신에 관한 그림에서 영감을 받았습니다. 디오니소스는 영웅 테세우스에게 버림받은 아리아드네를 구하려고 합니다. 내 소설에서 신의 지팡이는 런던에서 혼란을 불러일으키려는 한 쌍의 악당이 사용합니다.

『The Darkening Path』 시리즈는 앨런 가너의 『엘리도어』와 같이 차일드 롤랑 이야기에서 영감을 얻었습니다. 차일드 롤랑은 여동생과 놀다가 교회 위로 공을 던집니다. 그의 여동생인 버드 엘렌이 공을 찾으러 시계 반대 방향으로 돌아 교회에 들어갔는데 금세 시야에서 사라집니다. 그녀는 엘프랜드 왕에게 납치된 것입니다. 롤랑은 여동생을 찾아야만 하는 퀘스트에 직면합니다. 내 책의 어린 소년 사이먼은 여동생이 사라지기를 바랐습니다. 하지만 실제로 여동생이 다른 차원으로 사라지자 소스라치게 놀라지요!

『The Double Axe』는 미노스 왕의 아이들 중 한 명의 관점에서 미노타우로스 이야기를 재구성한 것입니다. 이 책을 쓰면서 고대 세계 전반에 대해 고민하게 되었고 긴 여정을 마치고 돌아온 영웅들이 정착하여 아이를 가진 뒤에는 어떤 일이 일어났을지 상상해 보았습니다. 이것은 다음 책의 영감이 되었습니다.

이 책을 읽는 동안 당신도 영감을 불러일으키는 많은 이야기를 발견하게 되길 바랍니다. 하나의 모티브에서도 수없이 많은 길이 펼쳐집니다. 어떤 길을 선택할지는 순전히 작가인 당신의 몫입니다. 어떤 길을 선택하건 최고의 이야기로 완성해 나가길 바랍니다. 행운을 빌어요!

– 필립 워맥

차 례

머리말 | 영감을 불러일으키는 이야기를 찾아서　04
이 책의 구성과 활용법　10
여는 글 | 원형 스토리에 숨어 있는 나만의 신화 찾기　12

PART 1 · 이야기의 시작　18

핵심 요소 파악하기　19 | 최고의 시작　21 | 경고! 설명 금지　23
원형 스토리 | 바위에 꽂힌 한 자루의 검　26
프롬프트 | 글쓰기를 시작할 때 짚어봐야 할 몇 가지 포인트　28
습작노트　31

PART 2 · 캐릭터 만들기　36

나만의 캐릭터 창조 기술　37 | 캐릭터 아크 만들기　40
원형 스토리 | 페르세우스와 안드로메다　42
프롬프트 | 사건, 동기, 중요 대상을 이용한 캐릭터 개발 연습　44
습작노트　48

원형 스토리 | 오디세우스와 키클롭스　54
프롬프트 | 캐릭터를 발전시켜 봅시다　56
습작노트　58

원형 스토리 | 아킬레우스의 마법에 걸린 말   62
프롬프트 | 특정 캐릭터에 초점을 맞춰 이야기를 반전시켜 봅시다   64
습작노트   66

PART 3 · 배경   70

분위기와 디테일의 역할 71 | 감각 일깨우기 73

원형 스토리 | 바바 야가와 바실리사   76
프롬프트 | 다른 배경과 장소를 창조해 봅시다   78
습작노트   80

원형 스토리 | 토끼와 사자   84
프롬프트 | 배경이 캐릭터와 플롯에 미치는 영향을 탐구해 볼까요?   86
습작노트   88

원형 스토리 | 테세우스와 미노타우로스   92
프롬프트 | 배경이 분위기에 미치는 영향을 검토해 봅시다   94
습작노트   96

PART 4 · 목소리, 스타일, 시점   100

핵심은 명료함 101 | 목소리 선택 103

원형 스토리 | 파르테니아와 아르갈로스   108
프롬프트 | 이야기의 시점을 전환해 볼까요?   110
습작노트   112

원형 스토리 | 아틀란티스   116
프롬프트 | 독특한 목소리의 캐릭터를 창조해 봅시다   118
습작노트   120

PART 5 · 올바른 대화 사용법 124

대화의 주요 기능 파악하기 126 | 대화의 영향력 고려하기 129

원형 스토리 | 에로스와 프시케   132
프롬프트 | 다음 내용으로 대화를 시도해 보세요   134
습작노트   136

원형 스토리 | 로빈 후드   140
프롬프트 | 다양한 소통 상황에서 대화의 역할을 탐색해 봅시다   142
습작노트   144

원형 스토리 | 로키와 발데르   148
프롬프트 | 대화 가능성을 살펴볼까요?   150
습작노트   152

PART 6 · 플롯과 서스펜스   156

상승효과가 있는 플롯 구성하기 157 | 7가지 플롯 구조 158
서스펜스와 스테이크스의 상관관계 160

원형 스토리 | 쿠훌린의 죽음   164
프롬프트 | 몇 가지 플롯을 연습해 봅시다   168
습작노트   170

원형 스토리 | 3개의 사과   174
프롬프트 | 몇 가지 플롯을 살펴보겠습니다   176
습작노트   178

원형 스토리 | 오이디푸스   182
프롬프트 | 플롯의 무한한 가능성을 탐색해 볼까요?   184
습작노트   186

PART 7 · 변형, 변화 190

열린 우주 192 | 왜, 왜, 왜? 194

원형 스토리 | 셀키 아내   196
프롬프트 | 당신만의 변신 마법을 써 보세요   198
습작노트   200

PART 8 · 결말, 마무리 204

개연성 있는 결말 맺기 206 | 끝과 시작 208

원형 스토리 | 토르와 거대한 뱀   210
프롬프트 | 다른 결말을 살펴볼까요?   212
습작노트   214

원형 스토리 | 빅풋   218
프롬프트 | 이야기를 통해 얻을 수 있는 이로운 점을 찾아봅시다   220
습작노트   222

원형 스토리 | 라그나뢰크   226
프롬프트 | 결국 세상의 종말이 도래했군요!   228
습작노트   230

SPECIAL TIPS

영감을 불러일으키는 또 다른 이야기들   234

이 책의 구성과 활용법

이 책은 스토리텔링을 시작하는 법에서 마무리하는 법까지 스토리텔링 전체를 아우르고 있습니다. 각 장은 기본 레슨을 시작으로 글쓰기에 영감을 주는 원형 스토리, 새로운 도전을 던져주는 프롬프트, 습작노트 등으로 이루어져 있습니다. 책의 흐름을 따라가며 글쓰기를 하다 보면 자연스럽게 나만의 새로운 스토리를 완성할 수 있습니다.

기본 레슨
이야기의 시작에서 결말까지 창의적인 글쓰기를 위해 익혀야 할 8개의 구성 요소를 다룹니다. 작가인 저자가 자신의 경험과 노하우를 전수하고 있지요.

원형 스토리
각 장에는 모든 스토리의 원형이라 할 수 있는 신화, 전설, 민담에서 선별한 이야기가 실려 있습니다. 이 매혹적인 이야기들이 당신만의 글쓰기 기술을 만들 발판이 될 것입니다.

프롬프트

각각의 원형 스토리를 기반으로 글쓰기에 몰입하는 데 도움이 될 만한 창의적인 프롬프트를 제시합니다. 뜻밖의 제안을 수행함으로써 비약적인 발전을 경험하게 될 것입니다.

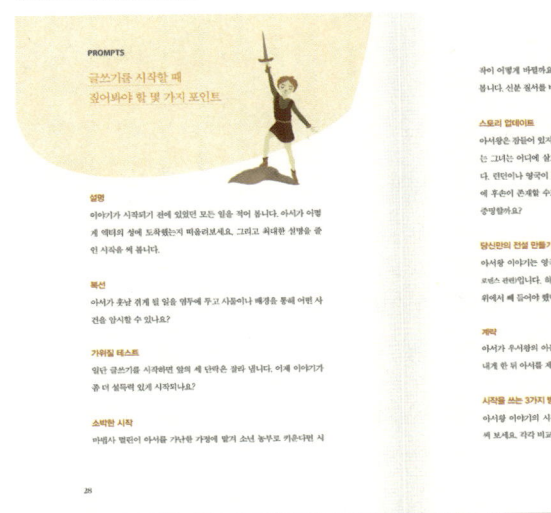

습작노트

모든 원형 스토리 뒤에는 이야기와 관련된 소소하고 흥미로운 내용은 물론, 창의적인 글쓰기에 도움이 될 만한 몇 가지 용어를 설명합니다. 순간적으로 떠오르는 아이디어를 캐치하여, 스토리를 구상하는 데 활용하세요.

여는 글

원형 스토리에 숨어 있는 나만의 신화 찾기

　창의적 글쓰기 책 구성을 위해 이야기를 다시 읽고 연구하는 동안 나는 세계 각지의 신화와 민담, 전설 곳곳에서 엿보이는 많은 유사성에 놀라곤 합니다. 물론 아서왕이나 로빈 후드 같은 이야기는 좀 다른 스토리라인을 갖고 있지만 시련, 마법 아이템, 영웅과 여걸, 지하세계 여행 등 세계 곳곳에서 닮은꼴 이야기를 찾을 수 있습니다.

　북유럽신화의 트릭스터(trickster 신화에서 마법이나 잔꾀를 부려 질서를 흔드는 초자연적 존재) 로키는 아프리카 토끼와 유사한 면이 있습니다. 이탈리아의 프시케와 러시아의 바실리사는 분노한 여신보다 한 수 앞서기 위해 동물의 도움을 받아 곡식 더미를 종류별로 분류해야만 했지요. 수 세기에 걸쳐 사막의 해먹, 얼음으로 둘러싸인 이글루, 중국의 담벼락 정원, 런던의 에드워드 보육원 이야기는 어린이와 어른 모두에게 커다란 흥미를 불러일으킵니다.

　내가 선택한 작은 동화집 이야기도 저마다 수많은 연관성이 있습니다. 줄거리는 대부분 활기차고 생명력이 넘치는데 등장인물은 보통 선하거나 악하고 배경이나 인물 개발의 여지 또한 많지 않다는 것입니다.

새로운 이야기를 발굴할 수 있는 가장 풍요로운 저장고

독자이자 작가인 당신이 빠져들어야 할 곳은 바로 이야기입니다. 이 풍요로운 저장고는 당신이 탐구하고 뒤적거리며 즐기는 곳이요, 당신의 글쓰기를 도와줄 창고입니다. 전설과 신화는 그야말로 보물 상자, 태피스트리, 다이아몬드 광산입니다. 탐구하고 발굴하고 발견하여 마음껏 글쓰기에 사용하세요!

이야기는 목소리나 손가락처럼 혹은 딸기에 크림을 듬뿍 올리고 싶어 하는 마음 못지않게 우리를 인간답게 만들어 주는 커다란 요소의 한 부분입니다. 흥미진진하고 놀라운 플롯에 따라 주인공과 공감하기, 악당 미워하기, 풍경과 사건을 즐기고 경탄하기, 이 모든 것이 우리가 세상을 경험하는 핵심적인 방식입니다.

일단 이야기에 빠져들면 종종 자신만의 이야기를 만들고 싶은 충동을 느끼게 됩니다. 이 책은 전 세계의 신화, 동화, 전설의 요약된 내용이 실려 있을 뿐만 아니라 재미있고 장난기 가득한 조언과 글쓰기 팁으로 가득합니다. 당신은 신화를 지금까지와 다른 각도에서 보게 되고 이야기를 쓰는 기본적인 구성 요소에 대해 배우고 상상력을 시험해볼 수 있습니다.

중요한 것은 이 과정이 생각보다 재미있다는 점입니다. 당신을 테스트하거나 채점할 사람은 아무도 없습니다. 그저 기지개를 활짝 켜고 목소리, 스타일, 분위기를 시험하면서 글쓰기를 즐기면 됩니다.

내 글과 내가 연결되는 글쓰기 습관 만들기

모든 작가는 자기만의 글쓰기 습관을 갖고 있습니다. 하루에 1,000개의 단어를 쓰고 행복해하는 사람이 있는가 하면 300개의 단어를 쓰는 사람도 있고, 또 어떤 사람은 5,000개의 단어를 쓰기도 합니다. 세부 사항 하나하나에도 세심하게 주의를 기울여 계획을 짜는 사람이 있고 그냥 일반적인 형태를 고수하는 사람도 있으며 글쓰기를 진행하면서 하나씩 채워 나가는 사람도 있습니다. 하지만 어떤 사람들은 단순하게, 마음속에서 이미 완벽하게 형성된 인물들이 이야기 속에서는 어떻게 헤쳐 나가는지 보기 위해서 글을 쓰기도 합니다.

마지막 장면의 나무 한 그루, 마지막 문손잡이, 비중이 작은 마지막 등장인물의 생물학적인 디테일까지 완벽하게 담아낸 허구의 세계를 창조하는 이가 있는가 하면 글을 써 내려가는 동안 인물들이 어딘가로 가서 그들의 세계를 확립해 가는 모습을 보며 마냥 행복해하는 이도 있습니다. 우리 모두에게는 장단점이 있습니다. 각자의 장단점을 극복하는 법을 배우는 것에 글쓰기의 기쁨과 어려움이 있습니다.

나는 모든 책을 각각 다른 방식으로 작성, 개발, 구성했습니다. 매우 정교하게 계획했죠. 인물들을 빠르게 따라가거나, 끝에서 시작하고, 중간에서 막히면 작성한 초안을 버리고 새로 썼습니다. 계속 읽고 배우고 연습하다 보면 어떤 방법이 나에게 잘 맞는지 알게 되고 어떤 일을 하는 데 한 가지 방법만 있는 게 아니라는 것도 깨닫게 됩니다. 당신은 항상 앞으로 나아갈 것입니다. 글을 쓸 때마다 자기 자신과 글을 쓰는 방법에 대해 새로운 것을 배우게 됩니다.

글쓰기에 도움이 되는 많은 요령이 있습니다. 나는 침묵, 조용히 사색하는 성찰, 그리고 키보드 위의 손가락이 아닌 종이 위의 펜을 굳게 믿습니다.

펜으로 초안을 작성한다는 건 당신과 글이 연결되어 있음을 뜻합니다. 펜으로 글을 쓰는 동시에 이메일을 확인한다거나 친구에게 문자 보내는 일을 할 수는 없으니까 말이지요. 펜으로 초안을 작성하는 행위는 당신의 마음을 자유롭게 하고 독특하고 흥미로운 방식으로 연결을 만듭니다.

우리는 대부분의 시간을 문자, 이메일, 소음, 다양한 이미지, 시끄러운 음악에 둘러싸여 있습니다. 노트북으로 TV 프로그램을 시청하는 동시에 친구에게 메시지를 보내거나 혹은 인터넷을 검색하는 동안 헤드폰으로 무언가를 들을 수 있습니다. 친구의 소셜미디어 피드에 좋아요를 누르고 자신의 피드를 게시하느라 바쁠 수도 있습니다.

나의 조언은 이렇습니다. 모든 것을 닫으세요. 조용한 장소를 고르세요. 노트나 이 책을 가져가세요. 펜을 찾으세요. 잠시 눈을 감고 마음을 비운 후, 10분 동안 머리에 떠오르는 것을 적어보세요. 단어 목록이나 지도 혹은 구상해 놓은 대강의 줄거리를 사용해도 좋습니다. 아이디어, 이미지, 문장, 생각을 모으세요. 단편적인 재료는 훨씬 더 큰 것의 토대가 될 수 있습니다. 메모를 보관했다가 다시 참고하세요. 그것은 딱 좋은 타이밍에 당신을 놀라게 할 것입니다. 그 짤막한 내용에서 이야기가 만들어질 것입니다. 항상 형식에 관해 생각하세요. 무엇을 쓰고 있고 그 이유는 무엇인가요? 구조를 생각해 봅니다. 어떤 순서로 이야기하고 있으며 또 그 이유는 무엇인가요?

기분에 취해 휘몰아치듯 쓰는 일에 대해

글을 쓸 때 기억할 한 가지는 당신이 쓴 것, 그러니까 자신이 고른 그 아름다운 단어나 기분 좋게 쓴 바로 그 이미지가 너무나 근사하게 느껴질 거라는 사실입니다. 당신은 이렇게 소리칩니다. "그건 내 자식이에요!" 혹은 이렇게 외칩니다. "잔인하게 굴지 말아요!" 하지만 시간이 흐른 뒤에 다시 읽어보면 처음처럼 멋지게 여겨지지 않을 수도 있습니다. 아름다운 그 말이 당신 생각과 다르게 역효과를 낼 수도 있지요.

신인 작가들이 저지르는 실수 중 하나는 모든 글이 위대하고 창의적인 감정의 폭발을 통해 써진다고 믿는 겁니다. 우리는 전설을 읽고 컴퓨터 앞에 앉아 열심히 키보드를 두드려 페이지를 채웁니다. 그리고 즉시 편집자에게 전송합니다. 우리의 글은 종이 위에서 완벽하고 무엇으로도 바꿀 수 없습니다. 이 점에 있어서는 대중문화의 책임이 큽니다. 촛불 옆에서 마음속 깊은 생각을 거침없이 쏟아내는 작가의 모습이 한 줄 쓰고 지우기를 반복하는 작가의 모습보다야 훨씬 더 매력적일 테니 말입니다. 하지만 당신이 글쓰기 과정은 한번에 휘몰아치듯이 쓰는 것은 물론 멈춤과 시작을 반복하는 것도 얼마든지 가능한 과정임을 이해한다면 그건 정말이지 좋은 출발점이 될 것입니다.

독자의 눈으로 내 글 바라보기

모든 작가는 자신의 글에서 한 발짝 떨어져 독자가 바라보는 관점에서 글을 볼 필요가 있습니다. 이 과정은 수필에서부터 단편소설, 시와 장편소설에 이르기까지 어떤 글쓰기에서도 매우 중요합니다. 다른 사람이 당신의 글을 읽는 모습을 상상할 수 있어야 합니다. 청중을 똑바로 바라볼 필요가 있습니다.

비평을 받아들이는 법을 배우고 매끄럽게 읊어질 때까지 쓰고 또 쓴다면 당신은 즐겁게 앞으로 나아갈 수 있습니다. 자기 자신에게, 휴대전화에 대고, 거울 앞에서, 친구와 가족에게 당신의 글을 읽어주세요. 자신의 말과 친구의 말에 귀를 기울이세요. 그런 다음에 다시 씁니다. 다른 친구들과 글을 교환하여 그들의 글을 읽어 보세요. 그리고 적어 놓으세요. 이야기가 어떻게 흘러가는지, 그들은 어떤 단어를 사용하는지, 또 그 단어는 의미에 잘 들어맞는지 등을 말입니다. 그렇게 한 후에 이를 당신 글에 적용해 보세요.

원형 스토리 뒤에 이어지는 프롬프트(prompts)는 당신이 자신만의 스토리를 써 나갈 수 있도록 상상력을 자극하고 용기를 불어넣을 것입니다. 물론 이 책에서 제시하는 프롬프트를 그대로 사용할 필요는 없습니다. 그것은 당신을 글쓰기의 경이로움 속으로 이끌고 여정을 시작하게 해줄 출발점일 뿐이니까요. 얼마든지 당신이 원하는 대로 비틀고 뒤섞을 수 있습니다.

가끔은 기가 막히게 좋은 일이 굳이 애쓰지 않아도 우연히 생깁니다. 이 책에서 소개하는 원형 스토리를 읽고 당신만의 새로운 이야기를 시작해 보세요. 아서왕에게서 검을 빼앗아 기네비어에게 주세요. 메두사를 인간으로 만들어보세요. 뱀 대신 장어를 주세요. 유니콘에게 날개를 달고 크라켄을 육지로 기어오르게 해보세요. 무엇이든 가능합니다. 당신의 발랄한 상상력을 마음껏 펼쳐 보세요. 그것이 바로 당신만의 이야기, 당신만의 신화가 될 것입니다.

이야기의 시작

　신화와 민담은 매우 효율적인 스토리텔링 장치입니다. 잘 만들어진 기계의 엔진처럼 반짝이며 기분 좋은 콧노래를 흥얼거리게 하지요. 괜스레 수선을 피우거나 시간을 지체하는 법도 없습니다. 이야기가 시작되면 바로 플롯이 만들어지고 주인공은 모험에 뛰어들어 용을 죽이거나 마법의 물약을 찾거나 혹은 세상을 구하기 위해 무슨 일이든 불사합니다. 이와 같은 신화와 민담의 스토리텔링 기법을 통해 많은 유용한 것을 배울 수 있습니다. "옛날 옛적에~", 바로 이렇게 이어지는 한두 문장이면 이야기는 이미 시작된 것이나 다름없습니다.

　그야말로 마법이 따로 없지요. 민담이 신비한 주술적 의식에서 비롯된 집단적 기억이라고 믿는 이들도 있습니다. 이야기에 빨려 들어가면 정말로 마법에 걸린 것 같기도 합니다. 작가로서 당신은 어떻게 자신의 이야기를 제대로 시작했다고 확신할 수 있을까요? 어떻게 하면 독자를 꽉 붙들어 당신이 창조한 허구의 세계에 몰입하게 만들고 손에서 책을 내려놓을 수 없게 만들 수 있을까요?

많은 작가들이 이야기의 시작을 붙들고 씨름합니다. 이야기의 시작점을 정하는 것은 마치 신화에 나오는 히드라의 목에서 뱀처럼 생긴 머리를 잘라 내는 것과 비슷한 일일 수 있습니다. 머리 하나를 자르면 그 자리에서 다시 2개의 머리가 생겨나거든요. 물론 이야기를 어디서 시작하는가는 순전히 당신 마음이지요. 그런데 정말 이야기는 정확히 어디에서부터 시작해야 하는 걸까요? 더 중요한 건 왜 하필 그곳에서 시작해야 하는가입니다.

로마의 시인 카툴루스는 그리스신화가 시작된 지점을 정확히 표시하기 위해 노력한 긴 시를 썼습니다. 그는 영웅 펠레우스가 아르고를 항해하던 중 바다 요정 테티스를 처음 만나는 것으로 이야기의 실타래를 풀어 나갑니다. "왜 하필 그곳이지요?" 당신의 물음이 들리는군요. 펠레우스는 테티스와 결혼하게 되는데 그들의 결혼식에서 불화의 여신 에리스가 트로이전쟁을 일으키는 황금 사과를 던져 놓기 때문입니다.

핵심 요소 파악하기

가장 먼저, 이야기의 핵심 요소를 파악합니다. 이 부분은 나중에 플롯에 관한 이야기를 다룰 때 좀 더 자세히 알아보도록 하겠습니다. 그 후 견인차 구실을 할 대상, 즉 이야기 전체를 시작할 사건을 찾습니다. 이해하기 쉽게 출발 신호탄 혹은 불을 붙일 성냥이라고 합시다.

당신 앞에는 다양한 선택지가 있습니다. 당신은 선택지 하나하나를 모두 시험해 볼 수 있습니다. 시행착오, 실험적 시도와 실패 모두 작가가 되는 데 매우 중요한 자양분이라는 점을 기억하세요!

나는 아서왕을 중심으로 융성했던 긴 세월 동안 전해진 전설을 선택했습니다. 전설은 이야기의 훌륭한 시작점이 될 수 있습니다. 전설은 전쟁, 살인, 간음, 이상한 짐승, 탐험, 녹색 거인과 같은 기이한 사건들로 가득 차 있습니다. 당신은 초보 시인과 이야기꾼이 이야기의 첫 시작을 놓고 어쩔 줄 몰라 머리를 긁적이는 모습을 쉽게 상상할 수 있을 것입니다. "저기 말일세." 누군가가 포도주 한 잔을 기울이면서 다른 사람에게 말을 건네고 있을지도 모르겠군요. "아서왕의 어머니인 이그레인 왕비 이야기로 시작해 보는 건 어떤가?" "아니, 그러지 말고." 누군가가 대답합니다. "마법사 멀린으로 시작해 보는 게 좋겠소." 신화와 전설이 매력적인 이유가 바로 여기에 있습니다. 이야기의 무궁무진한 소재가 된다는 점입니다.

아서왕 이야기의 대부분은 중요 인물인 아서왕의 출생에 관한 내용으로 시작합니다. 그는 우서 펜드라곤 왕과 콘월의 이그레인 왕비 사이에서 태어난 사생아로, 이그레인 왕비의 남편은 우서왕과 전쟁을 벌이고 있었습니다. 그 후 아서는 왕이 될 적당한 때가 올 때까지 마법사 멀린의 보호 아래 엑터 경의 성안에 안전하게 몸을 숨깁니다.

이 이야기에서 훨씬 더 흥미로운 시작이 있을까요? 우서 펜드라곤 왕이 죽자 아서, 엑터, 엑터의 아들 케이 이렇게 셋은 런던으로 여행을 떠납니다. 그리고 교회 묘지에 있는 돌에서 툭 삐져나온 검을 하나 발견합니다. 얼핏 봐서는 크게 위험해 보이지 않는 검이었지요. 아서는 그것을 쉽게 빼 들었습니다. 이후의 이야기는 역사로 남아 있습니다. 뭐, 적어도 전설상으로는 그렇다고 합니다.

첫 시작에서 우리는 어떤 종류의 이야기 속에 들어와 있는지 알고 있어야 합니다. 다시 말해, 그 이야기가 어떤 장르에 어떤 문체이며 어떤 목소리를 가졌는지 말해 줘야 한다는 것입니다. 장르만 해도 범죄소설, 로맨스, 순수문학, 스릴러, 역사소설 등 너무나 다양하고 어울리는 각기 다른 전통과 작법이 존재합니다. 가령 아침 식사로 뭘 먹을지 등장인물이 두서없이 늘어놓는 철학적인 만담으로 탐정소설을 시작하는 건 무의미합니다. 독자는 첫 번째 살인 사건을 바로 경험하고 싶어 하기 때문입니다. 좀 더 품위 있는 글을 쓴다면 배경과 풍경이 어떻게 주제를 드러낼 수 있을지 고민해 봅니다.

최고의 시작

그것은 당신이 세심하게 판단하여 결정을 내린 순간입니다. 당신은 독자에게 쉽게 알아볼 수 있으면서도 무언가 관심을 불러일으킬 만한 충분히 독창적인 것을 제시해야만 합니다.

J. R. R. 톨킨의 『호빗』에서 첫 번째 줄을 봅시다. "땅속 구멍에 호빗이 살았습니다." 필립 풀먼의 『황금 나침반』으로 가볼까요? "리라와 그녀의 데몬은 점점 어두워지는 홀을 지나갔습니다." 두 소설 모두 이 과정을 수행하는 방법을 잘 보여줍니다. 둘 다 독자가 충분히 머릿속에 그릴 수 있는 내용(구

명, 살았습니다, 땅, 지나갔습니다, 점점 어두워지는, 홀)이지만 독자의 고개를 갸우뚱거리게 만드는 면도 있습니다. 호빗이 정확히 뭐지? 데몬은 어떤 존재인 걸까? 어쩌다 리라처럼 특이한 이름을 가진 소녀와 붙어 다니게 된 거지?

두 작품 모두 주요 플롯을 넌지시 드러냅니다. 즉, 호빗은 모험을 시작하기 위해 구멍에서 빠져나올 것이고 황금 나침반은 어둠과 북쪽을 향해 움직일 것이라는 점이지요.

이러한 기법을 복선이라고 하는데 글을 잘 쓰려면 바로 이 기법을 제대로 익혀야 합니다. 자, 한번 연습해 봅시다! 다시 앞으로 돌아갈까요? 좋아요. 어디서부터 시작할지 정하는 것은 중요한 문제입니다. 혼외 출산으로 아서의 이야기를 시작해 보세요. 그럼 당신은 사생아로 태어날 아서의 아들 모드레드의 불행한 출생을 미리 암시하는 것입니다. 엑터 경의 성에서 아서를 훈련하는 장면으로 시작한다면 그건 훗날 아서가 세울 무공이 복선으로 깔리는 것이지요.

그렇다면 정말 어떻게 이야기를 시작해야 할까요? 당신에게는 전반적인 플롯에 대한 아이디어가 있을지도 모릅니다. 그렇지 않다면 어둠 속에서 뭔가를 더듬고 있는 기분일 것입니다. 시작은 긴장과 흥분을 불러일으킬 만한 요소를 설정해 두어야 합니다. 당신의 옷깃을 와락 붙잡고 부탁하는, 아니 당신에게 간청해야만 하는 그런 것이어야 합니다.

당신에게는 변화를 불러올 상황이 필요합니다. 널리 인정받는 글쓰기 방법에 따르면 당신은 반드시 힘 있게 시작해야 합니다. 그런데 이를 종종 문자 그대로 받아들이는 이들이 있습니다. 이 조언을 잘못된 방식으로 마음에 새긴 원고를 수도 없이 봤습니다. 너무 많아서 헤아릴 수도 없습니다. 지나치게 파괴적인 시작은 도리어 혼란을 자초합니다. 마지막을 위해 불꽃을 아껴두세요!

아서왕의 이야기와 더불어, 한 소년이 어느 순간 운명적으로 자신이 왕임을 자각하게 된다는 아이디어는 감정적으로 몹시 흥미를 끄는 요소입니다. 모든 것의 시작은 작은 행동이라는 점에 유념하세요. 케이가 자신의 검을 숙소에 두고 나오는 바람에 아서는 교회 마당에서 마법 검을 가져오게 됩니다. 어떤 면에서 아서를 왕으로 만든 계기는 아마도 케이의 건망증일지도 모릅니다.

당신의 플롯을 생각해 보세요. 작은 사건, 그러니까 애초에 그 일이 없었다면 아무 일도 일어나지 않을 작디작은 그 사건은 무엇인가요? 단짝을 만나게 할, 근신 처분의 원인이 되는, 숙제를 하지 않고 집을 나가게 한 바로 그 결정인가요? 버스를 놓치고 빗속에서 길을 걷다가 인도에서 10달러짜리 지폐를 발견하는 건가요? 아니면 창문턱에 앉아 아침이 오기 전 3개의 마법 고리를 찾아야 한다고 말하는 신비한 까마귀일까요? 혹은 세상의 종말일까요?

경고! 설명 금지

이야기를 시작할 때 특히 피해야 할 것이 있습니다. 바로 설명입니다. 인물이 어떻게 해서 현재에 이르게 되었고, 그들의 세계가 어떻게 지금의 모습을 갖추게 되었는지를 길게 서술하는 설명 말입니다. 소설이 설명에 지나치게 매몰되면 창의적 글쓰기 교실의 학생들은 소리를 지르며 경적을 울립니다. 경고! 설명 금지!

어떻게든 설명하고 싶은 마음은 이해합니다. 당신이 세계를 창조했으니 독자가 당신이 구축한 세계의 세밀한 부분 하나하나까지 다 알아야 한다고 주장할 수 있습니다. 하지만 너무 많은 설명은 시작을 방해합니다.

인물의 자연스러운 행동을 통해 설명하는 것이 당신의 세계를 충분히 인식하게 하는 요령입니다. 어떤 정보가 서사 구조에 스며들지 생각해 보세요. 당신은 길을 걸으면서 '아, 여기가 넬슨 애비뉴로군. 트라팔가르해전에서 승리한 넬슨 제독의 이름을 따서 만든 거리군'이라고 생각하지는 않을 것입니다. 대신 해전이나 트라팔가르 광장 또는 그 장소와 관련된 추억을 떠올릴 수 있습니다. 소설의 인물 역시 어떠한 대상이 직접 관련되거나 플롯에 반향을 일으키거나 혹은 유의미한 배경 정보를 제공하는 경우에만 그것에 주목합니다.

최고의 시작은 독자를 주인공과 공감하게 만듭니다. 이는 불행을 과장해서 표현하라는 뜻이 아닙니다. 독자는 이야기 속에서 일어나는 상황에 감정적으로 연결될 필요가 있습니다. 위치 선정에 대해서도 잘 알아야 합니다. 독자가 어디에 있는지 알 수 있게 합니다. 단순히 주인공이 의자에 앉아 있다고 서술할 수도 있습니다. 물론 그 의자가 해적선의 갑판에 있거나 목성으로 향하는 로켓에 있을 수도 있지만 그건 여전히 의자입니다.

똑같은 이유로 시간에 대한 강력한 암시가 필요합니다. 아침인가? 2시 반인가? 조지 오웰의 소설 『1984』에서 그 유명한 오프닝을 떠올려봅니다. "시계의 종이 13번 울리고 있습니다." 정말 영리한 시작입니다. 우리 모두 시계 종소리에서 몇 시인지 헤아릴 수 있으니까요. 하지만 이는 또한 이상한 상황을 암시하기도 합니다.

다음에는 플롯이 생성한 움직임이 필요합니다. 플롯의 바퀴를 움직이세요. 당신은 시계 제조공이고 열쇠를 돌리고 있습니다. 복선을 통해서 때로는 사건을 제안하거나 예상함으로써 플롯의 움직임을 만듭니다. "사라는 창문을 지나쳐 가는 차를 보면서 그녀의 어머니가 아무 차든 좋으니 그 안에 타고 있기를 바랐다"로 이야기를 시작하는 것이 "사라는 일어나 하품을 했다"보다는 훨씬 나은 방법입니다.

과녁 맞히기 훈련에 매진하는 아서왕처럼 위에서 제시한 모든 사항을 제대로 간파한다면 환상적이고 흥미진진한 시작을 순조롭게 만들 수 있습니다. 독자를 끌어들이세요. 독자에게 약속하세요. 풍선을 공중에 높이 띄우고 어떻게 내려오는지 보세요. 멋진 모습으로 시작하길 바랍니다.

이어지는 아서왕의 이야기에 관한 간략한 내용과 글쓰기에 시동을 걸고 특별한 시작에 도움이 될 많은 제안을 살펴봅니다. 그것으로 날카로운 깃펜을 잉크에 푹 적셔 종이에 글을 씁니다.

바위에 꽂힌 한 자루의 검

아서왕의 전설은 가장 흥미로운 이야기 중 하나입니다. 기사도, 로맨스, 전쟁, 마법, 탐구, 비극을 총망라하고 있지요. 프랑스와 영국에 왕이 등장한 이래 수많은 시와 소설에 영감을 주었습니다. 모든 이야기를 시작하는 행동은 상징적입니다. 태어나 처음 보는 검을 돌에서 빼든 어린 아서의 행위는 국가의 왕권을 부여하고 그를 빠르게 어른으로 변모시킵니다. 아무것도 알지 못한다는 사실은 극적인 긴장감을 한층 더하는 요소입니다. 검은 전사로서 아서의 미래를 암시하고 묘지는 기독교와의 긴밀한 관계는 물론, 아서의 죽음도 암시합니다.

줄거리 요약

아서는 부모도 모른 채 아기일 때 마법사 멀린에게 맡겨져 수양아버지인 엑터 경 밑에서 자랍니다. 아서의 아버지는 우서 펜드라곤 왕이었고 어머니는 콘월의 왕비였습니다.

어린 아서는 종종 형인 케이에게 가려졌습니다. 케이는 런던의 고된 일이나 고난과는 거리가 멀었고 언제나 가장 좋은 고깃점과 가장 뛰어난 말, 최고로 좋은 무기를 독차지했습니다.

우서왕이 죽자 영주들은 모두 수도로 불려 가 토너먼트를 치릅니다. 도중에 케이는 검을 숙소에 두고 온 것을 깨닫고 아서를 돌려보내 검을 가지고 오게 합니다. 그런데 숙소 문이 굳게 잠겨 있었습니다.

이리저리 둘러보던 아서는 교회 마당의 바위에서 툭 튀어나온 검을 발견하고 얼른 빼서 형에게 가져다주었습니다. 어디서 발견했느냐는 물음에 아서는 케이와 엑터 경과 함께 교회 묘지로 돌아왔고 '바위에서 이 검을 빼 드는 자가 왕이 될지어다'라는 비문을 발견합니다.

처음에는 아무도 아서를 믿지 않았지만 그가 여러 차례 위업을 달성하자 귀족들은 아서를 왕으로 추대합니다. 물론, 이후 벌어진 모든 일이 근사한 일만은 아닙니다. 아서는 반란군도 물리쳐야 했고 일부 다른 버전에서는 로마 황제도 물리쳐야만 했습니다. 아서는 모든 기사의 평등을 입증하기 위해 원탁을 제정합니다. 그들은 성배를 찾아 탐험하며 거인을 죽이기도 하고 이상한 짐승을 따라가기도 했습니다. 아서의 아내 기네비어는 기사 랜슬롯과 바람을 피우기도 합니다. 그렇지만 궁극적으로 랜슬롯의 아들 갤러헤드를 제외한 모든 사람은 성배를 찾는 길고 긴 여정에 실패합니다.

아서는 마지막 전투에서 자신의 아들 모드레드에게 비참한 최후를 맞습니다. 바로 이 모든 게 아서가 바위에서 검을 빼 들었기 때문입니다.

PROMPTS

글쓰기를 시작할 때
짚어봐야 할 몇 가지 포인트

설명

이야기가 시작되기 전에 있었던 모든 일을 적어 봅니다. 아서가 어떻게 엑터의 성에 도착했는지 떠올려보세요. 그리고 최대한 설명을 줄인 시작을 써 봅니다.

복선

아서가 훗날 겪게 될 일을 염두에 두고 사물이나 배경을 통해 어떤 사건을 암시할 수 있나요?

가위질 테스트

일단 글쓰기를 시작하면 앞의 세 단락은 잘라 냅니다. 이제 이야기가 좀 더 설득력 있게 시작되나요?

소박한 시작

마법사 멀린이 아서를 가난한 가정에 맡겨 소년 농부로 키운다면 시작이 어떻게 바뀔까요? 상황이 어떻게 더 불안정하게 바뀔지 생각해 봅니다. 신분 질서를 바꾸었을지도 모릅니다.

스토리 업데이트
아서왕은 잠들어 있지만 그의 후손 중 한 명이 근처에 있습니다. 그 또는 그녀는 어디에 살고 있을까요? 몇 가지 다른 설정을 검토해 봅니다. 런던이나 영국이 아니어도 상관없습니다. 사막이나 산 혹은 호주에 후손이 존재할 수도 있을까요? 그들이 아서왕의 후손인지 어떻게 증명할까요?

당신만의 전설 만들기
아서왕 이야기는 영국의 주요한 전설(아서를 중심으로 하는 이야기와 중세 로맨스 관련)입니다. 하지만 다른 전설도 창조할 수 있지 않을까요? 바위에서 빼 들어야 했던 게 검이 아니라 다른 물건이었다면?

계략
아서가 우서왕의 아들이라는 것을 누군가가 알고 그를 속여 칼을 빼내게 한 뒤 아서를 제거했다면?

시작을 쓰는 3가지 방법
아서왕 이야기의 시작을 3가지 지점에서 3가지 각기 다른 방법으로 써 보세요. 각각 비교하고 대조해 봅니다.

케이의 이야기

왕의 형이 되는 건 어떤 기분일지 상상해 보세요. 어린 아서를 데려왔을 때 케이는 어떤 기분이었을까요? 이를 또 다른 시작 지점으로 고려해 보세요.

성을 기술하는 15가지 방법

성을 연상시키는 단어를 15개 정도 생각나는 대로 써 보세요. 아무 생각 없이 그냥 적으세요. 그런 다음 처음 몇 단락에 해당 단어를 사용해 보세요.

다른 시간

아침, 정오, 밤 등 하루의 다른 시간대마다 이야기의 시작을 써 보세요. 분위기와 추진력 측면에서 이야기에 어떤 영향이 있나요?

거두절미하고
행위의 중간에
시작하세요.

잠자는 왕

아서왕의 묘비에는 라틴어인 Rex Quondam Rexque Futurus라는 글귀가 쓰여 있습니다.
'과거와 미래의 왕. 그는 죽은 것이 아니다, 다만 잠들어 있을 뿐….'

작은 곰?

많은 사람이 아서가 '작은 곰'을 의미한다고 생각합니다.
그러나 그것은 라틴어 이름 아르토리우스에서 파생되었을 가능성이 큽니다.
로마 사령관인 루키우스 아르토리우스 카스투스가
아서왕의 역사적 출처일 가능성이 있답니다.

촉발 사건(inciting incident)
모든 것을 움직이게 하는 사건을 의미합니다. 특히 이야기 초반에 주인공의 삶을 흔들어 놓는 최초의 사건을 가리킵니다.

현재 상태
이야기 시작 부분의 특이점.
당신의 오프닝은 현재 상태를
어떻게 변화시킬까요?

캐릭터 만들기

작가들이여! 네, 바로 당신 말입니다! 캐릭터에 대해 배우세요! 당신은 캐릭터에 대해 모든 걸 알아야 합니다! 그렇다고 너무 친한 친구처럼 대하지는 마세요. 아무리 친한 친구라도 속속들이 다 아는 것보다 적당히 모를 때가 더 나은 법도 있으니까 말입니다.

당신은 가상 인물의 특성과 관련된 아이디어를 가지고 있습니다. 키, 나이, 한번에 과자를 15개 먹을 수 있는 능력 같은 것 말입니다. 이런 특징은 종이에 적어둡니다. 언젠가 반드시 쓸모가 있습니다. 하지만 그것이 캐릭터의 전부는 아닙니다.

당신은 캐릭터가 사는 장소에 대해 막연하게나마 머릿속에 그려보았을 겁니다. 이는 매우 중요한 문제라서 3장에서 더 자세히 설명합니다. 캐릭터는 여러 면에서 설정을 통해 탄생하고 당신과 매우 중요한 방식으로 상호작용을 합니다. 그러나 당신은 허구의 인물이 살아온 이야기에 대해 깊게 고민한 적이 없을 수도 있습니다. 그렇더라도 지나친 걱정은 금물입니다. 캐릭터는 시간이 지나면서 진화하고 공을 들이면 들일수록 생동감이 넘치기

때문입니다.

　캐릭터와 몇 시간을 함께 어울려 봅니다. 그들을 놀라게 하고 인터뷰하고 또 그들이 무엇을 원하는지, 필요한 게 무엇인지 물어봅니다. 캐릭터의 동기(motives)는 당신이 플롯과 배경을 이해하는 데 도움이 됩니다.

　당신의 캐릭터에게는 목표가 필요합니다. 성취하거나 이루지 못한 구체적인 욕망이 필요합니다. 이는 서사시가 될 수도 있습니다. "프로도는 반지를 파괴해야 한다!" 뭐, 그렇게까지 거창하지 않아도 됩니다. "사미라는 화요일까지 미술 프로젝트를 끝내야 한다." 아니면 그녀의 엄마가 생일 파티를 취소하고 말 테니까 말이지요! 어느 쪽이든 희망과 욕망은 자신을 형성하는 데 도움을 주고 똑같은 방식으로 당신의 캐릭터도 만들어 줍니다.

나만의 캐릭터 창조 기술

　모든 작가는 자신만의 고유한 방법을 가지고 있습니다. 누구나 모든 인물의 일대기를 그리지는 않습니다. 그건 미친 짓에 가깝습니다. 당신이 캐릭터에 대해 깊이 생각한다면 분명 도움이 되긴 합니다. 그렇지만 여간해서는 달성하기 어렵습니다. 그저 플롯을 움직이기 위해서만 존재하거나 다분히 수동적인 캐릭터도 있기 때문입니다.

캐릭터는 그들의 행동을 통해 플롯을 만들어 냅니다.

올바른 캐릭터 설정 습관을 들일 몇 가지 방법이 있습니다. 우선 보통의 평범한 상황에서 캐릭터를 이해하도록 노력합니다. 캐릭터가 침실, 욕실, 집, 정해진 일과처럼 일상에서 생활하는 모습을 상상해 보세요. 어느 것 하나 목표의 최종 모습은 아니지만 캐릭터를 이해하는 데 도움이 됩니다. 그들이 방에 들어가는 모습은 어떤가요? 어떤 장소에서 가장 편안함을 느끼나요? 무엇이 짜증을 불러오거나 기쁘게 하거나 화나게 하나요?

죽음이 갈라놓는 전설의 비극적 커플 오르페우스와 에우리디케에 얽힌 이야기를 쓴다고 가정합니다. 그들의 침실은 어땠을까요? 아침에 일어나면 무엇을 할까요? 에우리디케가 뱀에 물릴 것이라는 사실을 어떻게 암시할까요? 씻기, 옷 입기, 아침 식사하는 모습 등 두 사람의 일상을 머리에 그려보세요.

몇 개 정도 밑그림을 그리면 당신은 캐릭터에 대해 다르게 생각하고 있었다는 걸 알게 됩니다. 좀처럼 드러나지 않던 윤곽이 잡힙니다. 바로 이때부터 흥미진진한 순간이 찾아옵니다. 당신의 캐릭터가 살아나 저절로 행동하기 시작하지요. 그러면 당신은 비로소 마음을 놓을 수 있습니다. 캐릭터의 행동을 적어 놓으세요. 꽤 유용합니다.

캐릭터의 겉모습과 그들이 주변 공간과 소통하는 방식을 알았다면 이제 캐릭터가 원하는 것을 결정합니다. 캐릭터의 동기는 무엇입니까? 테세우스와 미노타우로스 신화를 예로 들어 봅니다. 테세우스의 목표는 미노타우로스를 해치우는 것입니다. 운 좋게 성공하면 자기 목숨도 건질 수 있습니다. 그러나 다분히 심리적인 요소가 빠져 있습니다. 다른 동기로 좀 더 채울 수 있을까요? 테세우스는 아리아드네의 도움을 받아들인 일을 어떻게 생각하고 있을까요? 이는 캐릭터를 형성하는 데 도움이 됩니다. 또한 플롯과도 관련이 있습니다.

가장 좋은 캐릭터는 언제나 역동적입니다. 활력이 넘치고 보통 무언가를 원하거나 어떤 일이 일어나는 걸 막고자 합니다. 주인공은 수동적으로 운명에 끌려다니는 걸 절대 원하지 않습니다. 캐릭터는 결단을 내립니다. 물론 그 결정이 잘못된 것일 수도 있지만 생명력을 잃어서는 안 됩니다.

주인공에게는 보통 용기, 용맹, 친절 등과 같은 다양한 긍정적 덕목이 부여됩니다. 그렇지만 이런 특성은 결국 시시하게 느껴질 수 있습니다. 그렇기에 다른 자질을 부여하는 것은 꽤 중요합니다. 자신의 역할에 갈등을 느끼거나 휘파람을 불거나 손톱을 물어뜯는 다소 유별난 습관이나 재능 같은 것이 예가 될 수 있습니다.

악당 혹은 적대자는 일반적으로 부정적인 특성을 갖지만 종종 가장 활기차고 어쩌면 주인공보다 더 창조적일 수 있습니다. 악당은 무언가를 원할 때 대개 이타적으로 행동하지 않습니다. 언제든 이기적으로 행동할 각오가 되어 있습니다.

많은 작가가 영웅보다 악당에 관한 이야기를 쓸 때 더 재미있다고 고백합니다. 언제나 그랬습니다. 예를 들어 평면적인 '귀염둥이들' 대신에 〈101 달마시안〉에 나오는 크루엘라 드 빌을 떠올린다면 그녀가 얼마나 눈부시게 사악한 존재인지 금방 알 수 있습니다.

보통 글쓰기 가이드에서는 종종 말하지 말고 보여주라고 조언합니다. "사만사는 화가 났다"라고 쓰고 싶은 유혹을 느낍니다. 사만사의 행동으로 그 분노를 보여주는 것이 훨씬 어렵기 때문입니다. "사만사는 그림이 흔들릴 정도로 문을 세게 쾅 닫았다"라고 써 보세요.

물론 보여주기와 말하기, 둘 다 잘해야 합니다. 자신감이 붙으면 요약하는 것 역시 어렵지 않게 잘할 수 있습니다. 다음 문장을 보세요. "기나긴 여정에 스칼렛은 지루하고 짜증이 났다." 하지만 감정적인 차원에서 설득력이 필요하거나 플롯과 긴밀하게 연결되어 있다면 좀 더 구체적으로 묘사해야 할 때도 있습니다. "스칼렛은 기차 창문 손잡이를 만지작거리다가 뒤편의 유리에 비친 사람이 그의 코트 아래에서 단검을 빼내는 모습을 보았다…."

부단히 관찰하고 연구하십시오. 시간이 지남에 따라 캐릭터가 어떻게 발전하는지 생각해 보세요. 햄릿은 어떻게 반항적인 왕자에서 복수의 화신으로 변하나요? 아는 사람들의 캐릭터와 특징을 분석한 축소판 개요를 작성해 보세요. 다만 친구들이 당신의 스케치를 눈치채지 못하길 바랍니다. 혹시 모르니까 작성 후 없애는 것도 좋겠군요. 사람들이 위기에 처하면 어떻게 반응하는지 적어보세요.

캐릭터 아크 만들기

당신의 캐릭터는 이른바 업계 사람들이 말하는 '아크(arc)'가 있어야 합니다. 만약 주인공이 내내 변하지 않고 그대로라면 따분하지 않을까요? 많은 창의적 글쓰기 강사와 시나리오 작가들은 그것을 글자 그대로 아크로 생각합니다. 가령, 당신이 창조한 캐릭터가 용감하지만 부끄러움을 많이 타는 성격에서 자신감 넘치는 모습으로 변모하는 식이지요. 그것은 캐릭터의 내면이 변하는 방식이고 외부의 사건이 캐릭터를 변화시키는 모습입니다.

나는 지나치게 공식에 얽매이는 건 좋아하지 않습니다. 그보다는 좀 더 복잡했으면 좋겠습니다. 당신이 원한다면 당신의 캐릭터는 모든 장에서 좌절을 겪을 수 있습니다. 그리고 그것이 캐릭터의 결심을 굳건히 하도록 이끌 수도 있습니다. 여기서 캐릭터는 플롯이나 구조와 매우 밀접하게 관련됩니다. 플롯의 사건은 캐릭터의 성격을 형성하는 데 매우 중요한 요소입니다. 예를 들면 수줍음 많은 공주가 칼을 집어 들면서 자신의 운명을 깨닫든지, 전투에 지친 여왕이 마지막 적이 다가오는 모습을 보고 지금이 영광스러운 나날의 마지막이 될 것이리라고 직감한다든지 하는 것 말입니다.

바로 뒤에서 페르세우스와 고르곤 메두사 이야기 속 인물들이 어떻게 발전하는지 자세히 살펴봅니다. 오디세우스와 키클롭스를 논하고 교활함과 영웅심은 어떻게 공존할 수 있는지 알아봅니다. 마지막으로 마법에 걸린 아킬레우스의 말하는 말을 만나면 일리아드의 주요 사건에 대해 완전히 새로운 시각을 갖게 될 것입니다.

아울러 책을 읽는 동안 각 장에서 논의하는 모든 내용은 다른 이야기에도 적용할 수 있다는 점을 잊지 마세요. 글쓰기는 도식적이지 않다는 점 역시 항상 마음에 새깁니다. 규칙은 얼마든지 깰 수 있습니다.

규칙은 깨져야 합니다…

페르세우스와 안드로메다

가장 오래된 그리스신화 중 하나로 예언, 괴물, 사랑, 복수 등 거의 모든 사건이 담겨 있습니다. 이 신화의 짜임새를 주의 깊게 살펴봅니다. 전반부는 괴물을 쓰러뜨리는 탐색의 서사 구조입니다. 그 이후에는 희망과 결혼 분위기로 끝을 맺습니다. 그러나 후반부는 처음부터 폴리덱테스의 죽음을 이야기하고 예상치 못한 방식으로 예언을 이루며 끝을 맺습니다. 이야기의 모든 요소는 마치 딱 맞게 잘 만들어진 가구의 조각처럼 필수적입니다.

줄거리 요약

페르세우스의 삶은 실로 험난했습니다. 그는 태어나자마자 어머니 다나에와 함께 상자에 담겨 바다에 던져집니다. 페르세우스가 그의 할아버지를 죽일 것이라는 신탁을 받았기 때문입니다. 세리포스에 도착한 어머니와 아들은 폴리덱테스 왕에게 잡혔습니다. 그러나 왕은 다나에에게 반하여 페르세우스를 제거할 요량으로 그에게 고르곤 메두사를 죽이고 오라는 명을 내립니다.

페르세우스는 그에게 마법의 낫과 모습을 감춰줄 어둠의 모자, 날개 달린 신발을 준 아테나 여신과 헤르메스 신의 도움을 받아 바로 메두사의 목을 베는 어려운 일을 해냅니다. 집을 향해 날아가던 페르세우스는 바닷가 바위에 묶인 한 처녀를 발견합니다. 바로 안드로메다였습니다.

안드로메다의 어머니 카시오페이아는 에티오피아의 왕비였습니다. 그녀는 자기 딸이 바다 요정보다 더 아름답다고 자랑했고 화가 난 요정들은 제우스에게 그녀를 벌해달라고 요청했습니다. 제우스는 육지에 홍수를 일으키고 거대한 바다 괴물을 불러냅니다. 안드로메다의 아버지 케페우스는 도움을 구하기 위해 신탁을 받으러 갔는데 괴물을 제거하는 유일한 방법이 안드로메다를 희생시키는 것이었습니다.

말 그대로 하늘에서 내려오는 페르세우스를 떠올려보세요. 그는 먼저 안드로메다에게, 다음에는 케페우스에게 자신이 괴물을 죽이면 결혼을 승낙해달라고 차례로 청혼했습니다. 이미 고르곤을 해치웠으니 페르세우스는 자신감에 차 있었을 것입니다. 페르세우스는 괴물을 죽이고 안드로메다와 결혼하여 그녀의 사악한 삼촌 피네우스를 쫓아냈습니다. 아들을 낳은 뒤에 안드로메다와 함께 그리스로 돌아갔습니다. 여기서 페르세우스는 폴리덱테스를 돌로 바꾸고 아테나 여신에게 고르곤의 머리를 안겨줍니다.

페르세우스가 장례식에 참석해 원반을 던지다가 실수로 할아버지를 죽일 때까지는 모든 것이 순조로웠습니다. 그 어떤 그리스 영웅도 비극을 피할 순 없습니다.

PROMPTS

사건, 동기, 중요 대상을 이용한 캐릭터 개발 연습

특징

페르세우스는 잘생기고, 대담하고, 용감합니다. 즉, 그는 고전적인 영웅이지요. 페르세우스가 조금은 고루하게 여겨질지도 모르지만 항상 그렇지만은 않습니다. 그가 아테나(지능)와 헤르메스(교활함)의 도움을 받았다는 사실이 그의 캐릭터에 입체감을 더하고 있으니까 말입니다. 이것을 여러모로 활용해 볼까요? 페르세우스는 운명의 도구입니다. 이 사실은 어떻게 그에게 주어진 길에 대한 그의 반응을 바꿀 수 있을까요?

관점 개발

페르세우스를 세리포스에서 성장하는 어린 소년이라고 상상해 보세요. 그는 궁전에서 새로운 왕과 함께 어머니를 지켜보고 있습니다. 페르세우스의 왕에 대한 불신과 어머니를 향한 사랑을 어떻게 드러낼까요? 페르세우스는 무엇을 보고 있나요? 그는 자신이 본 것을 어떻게 해석하나요? 손목에 얹고 있는 손, 거절당하거나 받은 키스, 쾅 닫히는 문 등을 보았을 것입니다.

행동으로 보여주기

페르세우스가 안드로메다를 구하도록 설득한 사람이 그녀의 아버지 이도록 그가 안드로메다를 구하는 장면을 다시 써 봅니다. 페르세우스의 반응, 행동 및 움직임을 통해 그의 성격을 보여주세요. 왕은 페르세우스에게 무엇을 제안할 수 있을까요?

더 깊숙이 파고들어 당신만의 신화를 만들어보세요!

안드로메다는 에티오피아의 공주입니다. 다음 중 하나를 골라 이야기를 재구성해 보세요.

역할 뒤집기

메두사를 죽이러 가는 사람은 안드로메다입니다. 두 에티오피아 신의 도움을 받습니다. 돌아오는 길에 안드로메다는 그리스를 지나던 중 바위에 묶인 페르세우스를 발견합니다. 페르세우스의 아버지는 그가 트리톤보다 더 잘생겼다고 자랑했고, 제우스는 바다 괴물로 그들을 벌하는 중이었습니다. 이 상황에서 과연 안드로메다는 어떻게 할까요?

어머니의 사랑

강력한 왕비인 안드로메다의 어머니 카시오페이아에게 목소리를 주

세요. 그녀가 자랑한 것은 무엇인가요? 페르세우스가 나타나지 않고 안드로메다를 구해야 할 임무가 카시오페이아에게 맡겨진다면요? 카시오페이아는 자신이 아닌 딸이 오롯이 희생을 감당해야 한다고 생각할까요? 대신에 카시오페이아 자신을 기꺼이 내놓을 수 있을까요?

이제 펜을 들고 창의력을 발휘해 보세요!

혼합된 정체성

첼리니의 작품 중 페르세우스와 메두사의 머리 조각상이 있습니다. 조각상을 보세요. 페르세우스가 메두사와 매우 흡사하다는 것을 알 수 있습니다. 이것이 무엇을 시사한다고 생각하나요?

특징 목록 만들기

캐릭터를 알아가는 한 가지 방법으로 목록 만들기를 합니다. 페르세우스, 안드로메다, 메두사, 카시오페이아와 관련된 다음 목록을 만들어보세요. 첫 기억은? 잠에서 깨어날 때 들린 소리는? 가장 좋아하는 장소는? 가장 좋아하는 맛은?

단어 연상

바다 괴물을 연상시키는 단어 10개를 생각해 보세요. 그다음 이 단어를 활용해 보세요. 괴물은 뱀 같은 짐승인가요? 아니면 촉수가 있나요? 약점은 무엇이고 페르세우스는 괴물을 어떻게 죽일까요? 괴물은 말할 수 있나요? 괴물에게 전혀 예상하지 못한 마법이 있을까요?

스테레오타입(stereotype)
예상했던 대로 역할을 다하는
평면적 인물(flat character)을 말합니다.
이야기 전반에 걸쳐
성격이나 성장에
큰 변화가 없는 인물입니다.

하늘의 별

페르세우스와 안드로메다 이야기의 모든 등장인물은 별자리가 되었습니다. 밤하늘에서 그들을 볼 수 있습니다.

피의 탄생
날개가 달린 천마 페가수스는
고르곤의 머리에서 솟구친 피에서
튀어나왔습니다.
그는 영웅 벨레로폰에게 사로잡혔습니다.
벨레로폰은 페가수스에 올라타
괴물 키마이라(키메라)를 죽이지요.
사람들이 종종 벨레로폰과 페르세우스를
혼동한답니다.

프로타고니스트(protagonist)
주인공을 의미하는
고대 그리스 연극의 전문용어입니다.

대비자(foil)
뚜렷이 대비되는 개성을 통해
주인공의 성격을 돋보이게 하는 인물입니다.
페르세우스를 돋보이게 하는
대비자는 누구입니까?

오디세우스와 키클롭스

오디세우스는 지략에 능한 영웅의 전형입니다. 심지어 그를 주제로 한 『오디세이』라는 서사시가 있을 정도인데 그가 트로이라는 도시를 파괴하고 돌아오는 길에 겪은 모험담을 상세히 기록하고 있습니다. 오디세우스는 기발한 재치와 강인함을 겸비했습니다. 부하들과 함께 맞닥트린 외눈박이 거인 키클롭스의 무자비함에 맞서 싸워 이깁니다. 오디세우스가 위협을 물리칠 방도를 찾는 과정에서 차츰 발전하는 그의 캐릭터를 엿볼 수 있습니다. 오디세우스는 무력만 사용한 것이 아닙니다. 그렇다면 어떤 행동을 했을까요?

줄거리 요약

트로이는 그리스 군대에 의해 10년 동안 포위되었습니다. 도시가 초토화되자 그리스 지도자들은 전리품을 한가득 싣고서 귀향길에 오릅니다. 하지만 여행은 호락호락하지 않았고 오디세우스는 무려 20년 동안 고향으로 가기 위한 험한 여정을 거칩니다. 오디세우스는 여러 기이한 피조물을 만났습니다. 키클롭스는 그중 하나에 불과하지요. 식인 부족인 라이스트뤼곤, 노래로 사람의 넋을 빼앗는 세이렌, 약에 취해 영원히 행복한 상태로 사는 연꽃

먹는 생물, 바다 괴물 스킬라와 무시무시한 소용돌이 카리브디스. 이 시에는 활용할 만한 소재가 많습니다.

오디세우스와 부하들은 양치기가 사는 것처럼 보이는 한 섬에 상륙했습니다. 그들은 치즈가 가득 들어 있는 동굴을 발견하지요. 만세! 여긴 온통 치즈뿐이야! 유일한 문제는 돌아온 동굴의 주인이 외눈박이 식인 거인 키클롭스족의 폴리페모스라는 사실입니다. 자신의 동굴이 침범당했다는 사실에 분노한 폴리페모스는 오디세우스와 그의 부하들을 동굴에 가두고 매일 밤 저녁 식사로 2명씩 먹어 치웠습니다. 키클롭스는 오디세우스에게 누구냐고 물었고 오디세우스는 '아무것도 아닌 자'라고 대답합니다.

궁지에 몰린 오디세우스는 여러 방안을 모색했고 기발한 아이디어가 떠올랐습니다. 그와 부하들은 폴리페모스에게 술을 먹여 곯아떨어지게 한 후, 그가 잠든 틈을 노려 막대기로 폴리페모스의 눈을 찔렀습니다. 눈이 먼 폴리페모스는 분노가 머리끝까지 치솟아 복수하겠다며 오디세우스와 부하들에게 위협을 가합니다. 그는 동굴 밖으로 나가는 양을 하나씩 붙잡아 확인합니다. 하지만 오디세우스와 부하들은 거인이 다른 키클롭스에게 '아무것도 아닌 자'가 자기 눈을 멀게 했다고 목청 높여 소리를 지르는 동안 이미 양의 아랫배에 몸을 묶고 무사히 빠져나와 도망치고 있었지요.

오디세우스는 다시 항해를 시작하지만 이번에는 키클롭스의 아버지인 포세이돈의 저주로 고향에 도착하기까지 오랜 시간이 걸립니다. 마침내 집에 도착했지만 오디세우스는 아내 페넬로페에게 결혼을 조르는 구혼자로 온 궁전이 들끓고 있음을 알게 됩니다. 오디세우스는 거지로 변장하여 구혼자들을 전부 다 제압하고 페넬로페와 재회합니다.

PROMPTS

캐릭터를 발전시켜 봅시다

동굴 속으로

오디세우스가 중심이긴 하지만 키클롭스는 어떤가요? 그 역시 제 할 일을 하며 살아가고 있었을 뿐입니다.

부조화

잡지에서 사진 3장을 골라 각각의 사진 위에 키클롭스를 올려놓습니다. 그가 어떻게 그곳에 도착했는지 적어보세요.

주인공의 성별 전환

『오디세이』에는 많은 여성 캐릭터가 등장하지만 키클롭스 이야기에는 등장하지 않습니다. 키클롭스가 여성 괴물이라면 어떨까요? 아니면 오디세우스의 부하들이 소년으로 변장한 소녀라면?

바다를 묘사하는 8가지 방법
단어를 연상합니다. 바다를 떠올릴 때 가장 먼저 생각나는 단어 8개를 빠르게 적고 그것에 인간의 특성을 부여하여 의인화합니다.

폴리페모스는 폴리페모스다. 왜냐하면…
키클롭스의 생애에서 그의 정체성을 형성해 준 10가지 물건이나 특정 순간을 기록한 목록을 작성해 보세요. "나는 양치기다"….

나만의 신화 만들기!
키클롭스를 더 많은 것의 상징으로 생각해 보세요. 키클롭스는 무엇을 나타낼 수 있을까요? 그리고 당신의 주인공은 그것을 어떻게 극복할 수 있을까요?

적대자(antagonist)
주인공과 부딪쳐
갈등을 일으키는 사람으로
고대 그리스어로 'Agon'은
'갈등'을 뜻합니다.

위기(crisis)
당신의 인물에게는
위기의 순간이 있어야 합니다.
보통은 외부 사건에서
비롯됩니다.

누가 누구?
오디세우스의 로마 이름은 율리시스입니다.

비극적 반전
오디세우스는 우연히 그의 아들 텔레고노스에게 살해당합니다.

아킬레우스의 마법에 걸린 말

호메로스의 서사시 『일리아드』에서 가장 좋아하는 부분은 아킬레우스의 마법에 걸린 말인 크산투스와 바리오스가 아킬레우스의 죽음을 예견하고 눈물을 흘리는 장면입니다. 나는 두 마리의 말이 주인공과 무척 가까웠기에 항상 애착을 느꼈습니다. 두 마리 말은 아킬레우스와 함께 싸우러 나가고 그의 막사 근처에서 잠을 청하고 그에 대한 특별한 지식도 있었습니다. 그들의 이야기에서 가장 가슴 아픈 것은 말들에게 말을 할 수 있는 능력이 부여됐지만 예언이 끝나자마자 다시 그 능력을 빼앗아간다는 것입니다. 말들은 방관적 입장에서 무력하게 지켜볼 수밖에 없었지요. 하지만 이제 그 말들에게 고유한 힘을 줄 때가 된 듯하군요. 어떻게 주변 인물이 주요 인물을 돋보이게 하는지 생각해 보세요. 때로는 단순히 타인의 관점에서 글을 쓰는 것만으로도 캐릭터를 더 잘 이해할 수 있습니다.

줄거리 요약

그리스신화에서 모든 이야기는 영웅 펠레우스와 바다 요정 테티스의 결혼으로 항상 되돌아가는 것 같습니다. 모든 것의 시작인 셈이지요. 모든 신과 영웅이 결혼식에 오고 바다의 신 포세이돈은 축하의 의미로 마법에 걸린 말을 펠레우스에게 선물했습니다. 아킬레우스가 태어나기 전부터 이 말들은 존재했습니다. 아킬레우스는 어려서부터 이 두 마리 말과 함께 말타기 연습을 했을 것입니다. 한적한 시골길을 거닐거나 숲에서 사냥을 하면서 말에게 정이 들었을 것입니다. 말들에 대해 알면 알수록 더욱 사랑하게 되었을 것입니다.

테티스는 아킬레우스가 트로이전쟁에서 싸우는 것을 원치 않았고 아킬레우스를 스키로스 섬에 보냈습니다. 하지만 두 마리 말이 그와 함께였는지는 기록되어 있지 않습니다. 결국 오디세우스에게 발견된 아킬레우스는 자신의 동료이자 가장 친한 친구인 파트로클로스와 손잡고 마법 말들과 함께 전장에 뛰어들었습니다.

그리스군이 도시 전체를 에워쌌지만 트로이전쟁은 무려 10년을 끌었습니다. 아킬레우스는 최고의 전사였고 연전연승을 이끌었으며 주변 마을을 급습하고 대개는 영웅이 됩니다.

아킬레우스는 자신의 명예가 걸린 일로 전투에서 물러납니다. 절친인 파트로클로스가 그의 몫까지 온 힘을 다해 싸웠지만 목숨을 잃고 맙니다. 파트로클로스의 죽음에 말들은 눈물을 흘렸습니다. 아킬레우스는 크산투스와 바리오스가 돌아오자 어떻게 자신의 가장 친한 친구의 죽음을 막지 못했느냐며 말들을 꾸짖었습니다. 하지만 그때, 헤라 여신이 두 마리의 말에게 말을 할 수 있는 능력과 예지력을 선물했고 말들은 다시 입이 닫히기 전 아킬레우스의 죽음도 예견합니다.

PROMPTS

특정 캐릭터에 초점을 맞춰 이야기를 반전시켜 봅시다

말의 세계
당신이 두 마리의 말 중 하나라고 상상하고 아킬레우스가 죽을 것이라는 사실을 알게 된 날의 이야기를 들려주세요. 말이 되는 광경과 냄새, 소리를 생각해 보세요.

성격의 갈등
말들이 무엇인가에 대해 논쟁을 벌인다고 상상해 보세요. 말들은 아킬레우스가 한쪽을 더 아낀다고 생각하나요?

전쟁이 아닌 평화
『일리아드』는 전쟁에 관한 이야기입니다. 그런데 말이 전차를 끌지 않겠다고 한다면 어떻게 될까요? 장면을 설명해 봅시다. 말들은 두려워하나요? 아니면 두려움에 맞서고 있나요?

6가지 전투 방법

창을 중심으로 빠르게 단어를 연상하고, 그 단어를 중심으로 단락을 구성해 보세요. 이것을 사용하여 말이 등장하는 이야기를 시작해 보세요.

나만의 신화 만들기!

트로이전쟁 캐릭터 중 하나를 위한 마법의 동반자를 창조하세요. 헬렌에게 말하는 공작이 있었다면? 헥터에게 마법 표범이 있었다면?

아리스테이아(aristeia)
승리의 광란.
호메로스의 『일리아드』에서
영웅이 명예를 위한
전투에 나서는 부분을
일컫는 말입니다.

전형(archetype)
악당, 곤경에 처한 소녀, 영웅과 같이 대단히 중요한 인물의 유형을 말합니다.

단순한 괴물
『일리아드』에는 키마이라(염소 머리, 사자 머리, 뱀 머리) 말고는 복합적인 동물이 등장하지 않습니다.

기억의 위업
『일리아드』는 구전으로 전해졌고 오로지 시인의 기억에 의존해 시로 완성되었답니다.

배경

자, 당신은 공간을 지나가는 사람입니다. 공간은 당신에게, 당신은 공간에 서로 어떤 영향을 주고받나요? 당신은 뽐내며 걸어가나요? 쿵쿵거리며 걷나요? 꿈틀거리며 지나가나요? 아니면 즐겁게 뛰어노나요?

독자는 종종 배경이 캐릭터가 직접 보여주는 것 못지않게 그의 내면을 그대로 드러낸다고 말합니다. 나는 미노타우로스를 라비린토스(미궁)의 돌바닥을 서성거리는 기괴하고 보기 흉한 악의 화신으로만 바라보지 않습니다. 그런 존재일 수도 있지만 다른 무언가를 그와 할 수도 있습니다.

나는 미노타우로스가 잠이 드는 장소를 그려봅니다. 그에게 담요가 있을까? 왕비의 아들인 만큼 한때는 넉넉한 리넨 담요였을 텐데 지금은 다 낡고 해졌겠지? 거친 돌 위에서 자고 있을까? 아니면 더 안락한 곳을 찾았을까?

미노타우로스는 자신의 라비린토스를 손바닥 보듯이 훤히 압니다. 그는 당신이 입구 가까이에 오면 바위의 은밀한 그늘이나 중앙에서 가까운 곳의 더 어두운 장소를 알려줄 수도 있습니다. 거대한 문이 열리고 그에게 신선한 공물을 바칠 때면 그는 공기의 흐름을 감지합니다. 미노타우로스는 어디서 기다려야 하는지 알고 있습니다. 딱 네 번째 돌아서 나올 때 어둠이 텅 빈 벽이 되고 방심한 자들이 주춤거리는 곳…. 그는 손으로 어둠의 장막을 허뭅니다. 그리고 처음 제물을 죽인 그 순간을 기억합니다.

나는 배경에 관하여 이야기할 때 항상 '닻 내리기(앵커리지)'라는 용어를 사용합니다. 독자는 자신을 책에, 캐릭터는 배경에 자신을 단단히 고정할 무언가가 필요하기 때문입니다. 캐릭터에게는 커튼, 부엌, 숟가락, 창문이 필요합니다. 그들에게만 의미 있는 물건이 필요합니다. 돌아가신 할머니가 주신 이 빠진 파란 그릇, 처음으로 자른 아이의 머리카락이 들어 있는 양철 상자, 깨끗한 상태를 잘 유지한 단검 같은 물건….

당신의 주인공에 대해 생각해 보세요. 그녀는 숲 가장자리에 자리한 아담한 오두막에 살고 있습니다. 그녀에게는 벽난로 위에 놓인 직접 고른 꽃병도 있습니다. 반면에 적대자는 숲 한가운데에 있는 저택에 숨어 있습니다. 그녀는 결코 꽃을 따지 않지만 큰 비용을 들여 꽃을 배달합니다.

분위기와 디테일의 역할

분위기는 독자와 감정적인 유대감을 조성하는 데 중요합니다. 버려진 저택의 어둑어둑한 진입로, 요정 궁전의 반짝이는 거울, 처마 밑 침실의 아늑한 온기. 캐릭터와 마찬가지로 디테일이 가장 중요합니다. 형용사를 지나치게 포괄하여 광범위하고 불명료하게 쓰면 의도했던 것과는 반대 효과를 얻을 수도 있습니다. 때로는 깃발이 반쯤 펄럭이거나 잔디밭에 낙엽이 지는 것 같은 사소한 디테일이 큰 도움이 될 수도 있습니다.

신화와 민담은 이 세상(혹은 그 너머의) 장소만큼이나 아름답고 친밀한 환경을 제공합니다. 대체로 풍경화에 뿌리를 두고 있습니다. 고대 그리스 영웅이 지중해를 항해하고 마침내 그들이 익히 아는 세계의 끝 가장자리에 서서히 다다르는 모습을 상상해 보세요.

아르고의 영웅 펠레우스가 물줄기를 가르고 바다 요정 테티스를 처음 볼 때를 기억해 보세요. 아라비아사막의 정령이나 북유럽신화에 나오는 얼음 거인을 생각해 보세요. 아서왕 이야기는 그를 영국의 풍경 속에 단단히 붙들어 놓았습니다. 오늘날까지도 우리는 으레 아서왕의 원탁이 윈체스터에 있다고 생각합니다. 하지만 배경은 풍경과 뗄 수 없는 긴밀한 연관성에도 불구하고 이야기의 뼈대가 의미하는 바에 따라 어디든지 바뀔 수 있습니다. 한 예로 대부분 아랍인이라고 생각하는 알라딘은 실제로 중국을 배경으로 하고 있습니다.

배경을 떠올릴 때 잊지 말아야 할 사실은 모든 장소는 각기 다른 공감을 불러온다는 점입니다. 깊고 어두운 숲은 신비로움이나 마법과 같은 황홀함을 암시합니다. 산은 사람들이 오르고 싶어 하는 장소이고 도시 경관은 예상치 못한 경이로움과 심각한 문제투성이입니다. 끄트머리에 있는 장소는 매혹적이지요. 해안선은 바다와 육지 사이에 있습니다. 경계는 허물고 넘기 위해 존재합니다.

그림을 잘 못 그려도 반드시 지도는 그려보세요. 미지의 세계에는 커다랗게 X자 표시를 해 두고요. 그러면 보다 더 많이 마음에 두게 됩니다. 주인공의 집 지도를 그릴 때는 특정 공간을 위한 단어와 추억을 빼먹지 마세요.

줄거리가 막히면 배경을 써 보세요. 당신의 주인공이 창문에서 무엇을 볼 수 있는지 적으세요. 주인공이 오래 살았던 곳을 떠나 다른 장소로 옮긴다면 이야기가 흘러갈 것입니다. 이사를 하는 데는 항상 이유가 있고 이는 플롯이 새롭게 전개될 수 있음을 의미합니다. 풍경 속을 헤치며 나아가는 여행은 성격을 극복하거나 강화(또는 약화)하게 해줄 모험으로써의 심리적 여정으로 바뀌기도 합니다. 가끔은 낯설게 변한 상황이 글쓰기를 더욱 생생하게 만들 때도 있습니다.

감각 일깨우기

모든 감각을 자극해야 합니다. 바로 여기서부터 탐구가 시작됩니다. 이는 다양한 형태의 모습으로 나타납니다. 현지 카페에 앉아 분위기를 만끽하는 것일 수도 있습니다. 부엌에서 어떤 냄새가 나지요? 테이블에는 무엇이 있나요? 문 옆에는 유모차가 있나요 아니면 외투를 입은 노인이 신문을 읽고 있나요? 음식을 생각해 보세요. 그러면 우리가 한자리에 닻을 내리는 데 도움을 줄 겁니다.

실제로 장소에 대해 알아가는 건 당신의 글쓰기에 헤아릴 수 없이 많은 도움을 줍니다. 체셔의 풍경을 향한 앨런 가너의 애정을 봅시다. 그의 작품에서 풍경은 가장 힘 있게 두드러지는 요소입니다. 마을이나 도시를 순환하는 버스 노선을 따라가 보세요. 거리가 어떻게 변하는지 보세요. 이름, 거리, 이미지를 적어봅니다. 거리를 산책하면서 그동안 놓치고 있던 것에 주의를 기울입니다. 아스팔트의 질감, 현관문 색깔, 반쯤 열려 있는 창문, 누군가 한창 요리 중인 저녁 식사 냄새….

이와는 정반대로 당신은 전 세계를 돌아다닐 수도 있습니다. 북극지방을 여행한 작가로 유명한 미셸 페이버의 소설을 보세요. 얼마나 생기가 넘치는지요!

　여행을 못 가더라도 걱정할 필요는 없습니다. 우리에게는 상상력이 있으니까요. 책을 뒤적거리거나 인터넷을 검색할 수도 있습니다. 문서와 파일을 모아 엮습니다. 스파이, 지도 제작자, 사회학자가 되어보는 겁니다. 꼬치꼬치 캐물으세요. 모든 것에 주목하세요. 전부 다 유용할 것입니다. 만약 당신이 어떤 장소를 배경으로 글을 쓴다면 지도나 여행 책 혹은 그 지역의 역사를 들여다보면 유용합니다. 그곳에 터를 잡고 살아가는 이들의 삶을 그릴 때 풍경과 그것의 역할을 이해하려고 노력합니다.

　판타지 풍경에는 일관성이 있어야 하고 이는 장소 이름을 짓는 것과도 관련 있습니다. 무작위로 단어를 모아 놓으면 안 됩니다. 어떻게 해서 그 단어와 그 이름이 되었는지 어원에 대해 생각해 보세요. 주변 지명이 어떤 방식으로 서서히 생겨났는지 살펴봅니다. 에든버러는 무슨 뜻입니까? 시드니 또는 빈은? 모든 장소의 이름에는 의미가 담겨 있습니다. 당신의 판타지 세계에서 어떻게 이 방법을 쓸지 곰곰이 생각해 보세요. 화이트 포트(White Fort)가 휘트포트(Whitfort)가 될 수도 있습니다.

　J. R. R. 톨킨은 옥스퍼드에서 거의 이사한 적이 없습니다. 그렇지만 과거의 풍광을 묘사하는 데 대가 중의 대가입니다. 중간계의 각 구역에는 상징적인 힘이 존재합니다. 호빗이 사는 샤이어는 영국의 시골 마을입니다. 호빗족은 모험을 좋아하지 않는데, 그들의 집과 습관이 바로 그 습성을 반영합니다. 평원, 말, 왕실이 있는 로한은 앵글로색슨족입니다. 곤도르는 도시의 세련미와 퇴폐를 상징하지요.

　배경을 통해 캐릭터의 성격을 돋보이게 할 수도 있습니다. 작은 교외 마을에서 성장한 주인공은 갑갑함을 느끼며 도회지의 휘황찬란함과 대도시를 갈망할 수도 있고, 큰 도시에 살면서 시골을 그리워할 수도 있습니다. 작가는 그들이 존재한 이후로 줄곧 이 기술을 사용했습니다. 예를 들어『오디세이』에서 자연 풍광은 전부라고 해도 될 만큼 중요한데, 고국의 안전한 문명을 갈망하는 오디세우스는 도리어 빈약한 풍경을 참고 견뎌야 하는 처지에 놓입니다.

글쓰기에서 배경을 사용하는 방법을 익히기 위해 주로 하는 훈련 중에서 다양한 감정적 렌즈를 통해 장면을 다시 쓰는 연습이 있습니다. 주인공과 함께 그 또는 그녀가 아침에 깨어나는 모습을 상상해 보세요. 그날 신나는 일이 있나요? 무서운가요? 당신의 캐릭터는 평범한 물건에 어떻게 반응합니까? 시험 당일 아침에 눈을 뜬다고 가정합니다. 알람 시계나 전화기가 당신을 괴롭힙니다. 옷이 평소보다 조금 불편하고 통학버스가 더 불길할 수도 있습니다.

이어서 러시아 민담에 나오는 무시무시한 마녀 바바 야가에 대한 이야기를 살펴보고 풍경이 그 특별한 이야기를 어떻게 전달하는지 생각해 봅니다. 또한 아프리카의 산속 집에 사는 트릭스터 순구라를 구경하고, 강력한 미노타우로스와 그의 미궁 은신처에서 씨름할 것입니다. 항상 풍경이 어떻게 그처럼 생생하고 캐릭터를 돋보이게 하면서 플롯을 제공하는지 주의 깊게 연구해 봅니다.

앞으로 나아가 관찰하고 탐구하십시오!

바바 야가와 바실리사

러시아의 민속 신화에서 오래된 숲과 대초원은 주로 우울한 장소의 표상입니다. 인간의 뼈로 만든 울타리로 둘러싸인, 닭 다리가 받치고 있는 집에 사는 무서운 마녀 바바 야가는 수천 가지 이야기로 떠돌고 있습니다. 바바 야가는 사람을 잡아먹기도 하고 때로는 도움을 주기도 합니다. 바바 야가는 야생과 고대 마법을 나타내는 모호한 캐릭터입니다. Baba는 '할멈'을 뜻하고 Yaga는 '끔찍한'에서부터 '라이더', '마녀'에 이르기까지 모든 것을 의미할 수 있습니다. 바바 야가 이야기 속 배경은 심리적 반향을 불러오는 힘과 모험을 위한 탁월한 공간을 제공합니다.

줄거리 요약

바실리사의 어머니는 죽음을 앞두고 딸에게 인형을 하나 주었습니다. 도움이 필요할 때 인형에게 음식을 주면 인형이 바실리사를 도와줍니다. 바실리사의 아버지는 동화 속에서 흔히 그렇듯 재혼했고 새엄마와 그녀의 두 딸은 필연적으로 바실리사의 삶을 비참하게 만듭니다. 그들은 숲속 오두막으로 이사를 했습니다.

어느 날, 새엄마는 촛불 한 개만 남긴 채 집 안의 모든 불을 끄고는 바실리사에게 숲에 있는 바바 야가의 오두막에서 불을 가져오라고 말합니다. 무시무시하고 변덕스러운 바바 야가는 벌떡 일어나서 뛰어다닐 수 있는 닭 다리가 달린 집에서 살고 있었습니다. 바바 야가는 커다란 절굿공이와 절구통을 타고 돌아다녔습니다. 바실리사는 오두막에 갔습니다. 그녀는 바바 야가를 위해 잡일을 도맡아 하거나 목숨을 내놓거나 둘 중 하나를 선택해야 하는 처지에 처합니다. 바실리사는 청소하고 요리하고 설거지하는 것을 선택합니다. 어느 날, 바바 야가는 바실리사에게 불가능한 일을 맡깁니다. 양귀비 씨앗과 흙을 분리하는 것이었습니다. 힘에 부친 바실리사는 인형에게 음식을 주고 인형이 일을 하는 동안 잠이 들었습니다. 오두막에 돌아온 바바 야가는 바실리사에게 어떻게 그 일을 해냈는지 물었습니다. 바실리사는 '어머니의 축복 덕분'이라고 대답했습니다. 발끈한 바바 야가가 바실리사를 집에 돌려보냈으니 그 대답은 최고의 대답이었다고 볼 수 있겠지요. 바실리사는 석탄 조각이 가득 담긴 해골을 받아 들고는 오두막에서 나왔습니다.

바실리사가 집으로 돌아왔을 때, 집은 어둠 속에 잠겨 있었습니다. 바실리사가 가져온 해골이 지핀 불은 새엄마와 그녀의 두 딸을 모두 불태웠습니다. 만세! 바실리사는 여생을 아버지와 함께 보냈습니다. 아니면 한술 더 떠 러시아의 차르와 결혼했을까요? 어쨌든 바실리사는 행복했습니다.

PROMPTS

다른 배경과 장소를 창조해 봅시다

숲속으로

바실리사가 처음 숲에 들어가 바바 야가의 오두막을 본 순간에 대해 써 보세요. 당신은 어떻게 바실리사의 놀라움과 두려움을 보여주고 주변 풍경을 사용하여 그 분위기를 고조시키겠습니까? 오두막을 더욱 끔찍하게 만들기 위해 오두막에 어떤 세부 요소를 추가해야 할까요?

오두막 안에서

어떻게 바바 야가의 오두막 내부를 묘사할 수 있을지 생각해 보세요. 가마솥에서 거품이 이는 것은 무엇 때문일까요?

오두막이 있는 장소

바바 야가의 오두막이 자리 잡을 터를 하나 고르세요. 고대 중국, 에펠탑의 정상, 서기 4000년의 우주 식민지 등. 그마저도 아니라면 당신만의 것을 떠올려보세요.

나는 오두막!

바바 야가의 오두막에는 십중팔구 이야깃거리가 많을 겁니다. 바실리사가 들어오면 어떤 기분이 들까요? 짤막하게 써 봅니다.

이야기의 발단

다음 단어 목록을 사용하여 이야기를 시작해 보세요. 절구통, 해골, 여우, 허브, 나이프, 쌍안경 등.

공포의 숲

가능한 가장 크고 무서운 숲을 생각해 보세요. 할 수 있는 한 자세히 묘사합니다. 이를 사용하여 또 다른 바바 야가의 이야기를 시작해 보세요.

동기 선택

바바 야가의 오두막에서 해골이나 인형 중 하나를 고릅니다. 그런 다음 예상치 못한 방식으로 당신의 이야기에서 그 대상을 동기로 사용합니다.

날아다니는 바바 야가

바바 야가는 절굿공이와 절구통을 타고 돌아다닙니다. 바바 야가가 숲을 날아다니면서 경험하는 광경, 소리, 냄새를 써 보세요.

이름이 뭐가 중요할까?
바바 야가는 일명
'뼈 다리(The Bony-Legged One)'라고도
불린답니다.

죽음을 먹는 자
바바 야가는
죽음과 동행하며
영혼을 먹어 치웁니다.

심리지리학(psychogeography)
배경은 성격과 감정에
어떤 영향을 미칠까요?

동기(motif)
이야기에서 되풀이되는 아이디어나 이미지, 풍경과 배경을 동기로 사용할 수 있습니다.

토끼와 사자

이 이야기는 트릭스터 순구라는 꾀돌이 토끼에 관한 내용을 담고 있습니다. 여기에서 풍경이 얼마나 중요한지 주목하세요. 순구라가 기어오르는 숲속의 조롱박 나무는 이 토끼가 주변 환경을 얼마나 효율적으로 지배하는지 보여주고 몸을 숨기기 위해 짚을 사용하는 능력 또한 주변에서 이용 가능한 재료를 유리하게 사용할 줄 아는 잔꾀를 엿보게 합니다. 순구라의 새로운 산골 집은 그가 몸을 숨기기 위해 어디까지 멀리 갈 수 있는지도 보여줍니다. 사자는 결국 토끼한테 된통 당하고 만신창이가 되어 집으로 돌아갑니다.

줄거리 요약

날렵하고 총명한 토끼 순구라는 어느 날 아침 거리를 찾던 중 심바라는 사자의 조롱박 나뭇가지에서 벌집을 발견했습니다.

순구라는 부쿠라는 쥐에게 자신의 아버지가 벌집을 하나 물려주었는데 먹을 수 있게 도와줄 수 있는지 물었습니다. "어, 물론이지" 하고 부쿠가 대답합니다.

순구라와 부쿠가 연기를 피워 벌을 나오게 한 뒤 푸짐한 만찬을 시작했을 때 심바가 나타났습니다. 심기가 불편한 심바는 둘에게 내려오라고 말했습니다.

　순구라는 부쿠에게 자기 몸을 짚으로 둘둘 말아서 나무 밖으로 던져달라고 부탁했습니다. 아둔한 부쿠는 순구라의 요청을 들어주었지요. 그러나 순구라는 심바가 부쿠를 먹어 치우는 동안 잽싸게 도망쳤습니다.

　잠시 후, 순구라는 거북 코베이에게 같은 수법을 썼습니다. 그러나 코베이는 부쿠보다 좀 더 영리했으므로 순구라를 의심했습니다. 순구라가 코베이에게 똑같은 수법을 쓰려 하자 코베이는 심바를 향해서 외쳤습니다. 순구라가 내려갈 테니 주의하라고 말이지요. "날 잡아먹지 말아줘." 순구라가 심바에게 말했습니다. "내 꼬리를 붙잡고 빙빙 돌려서 날 먼저 기절시켜줘."

　심바는 순구라의 말대로 했지만 잔꾀에 도가 튼 순구라는 몰래 도망쳤습니다. 심바는 어찌나 낙심했던지 눈앞에 있던 코베이도 잡아먹지 않았습니다.

　순구라는 산꼭대기에 있는 새로운 집으로 날쌔게 튀었습니다. 하지만 심바는 순구라가 없는 틈을 타 집을 찾아냈습니다. 순구라는 돌아와 그의 발자국을 보고 소리쳤습니다. "안녕, 집아! 잘 있었니!" 대답이 없자 순구라가 말했습니다. "하, 정말 이상하네, 집이 항상 나에게 대답해 주었는데!" 그 순간 심바가 집의 음성으로 대답했습니다. 토끼 순구라는 까르르 웃으며 줄달음질을 쳤지요.

　심바는 애써 순구라를 뒤쫓고 싶은 마음이 사라졌습니다. 그야말로 녹초가 되어버린 심바는 순구라를 포기하고 자신의 조롱박 나무로 돌아갔고 순구라는 무사히 달아났습니다.

PROMPTS

배경이 캐릭터와 플롯에 미치는 영향을 탐구해 볼까요?

감각 활용

순구라가 처음 벌집을 발견한 순간을 묘사해 봅니다. 특히 꿀을 떠올리면 무엇이 연상되는지 적어보세요.

비틀기

어떤 생물이 토끼보다 한 수 더 앞설 수 있을까요? 과연 순구라는 마땅한 대가를 치를까요? 이를 위해서는 주변 환경의 어떤 기능이 유용할까요?

이야기 전환

동물들이 현대적이고 도시적인 환경으로 옮겨진다면 어떻게 될까요? 순구라가 파리, 런던, 뉴욕 거리를 활보하는 모습을 상상해 봅니다.

보조 캐릭터

비중이 작은 캐릭터를 하나 선택하고 그들의 삶을 방해하는 이야기를 100단어로 쓰세요.

집 안의 심바

식사와 관련하여 심바의 삶을 적어봅니다. 심바가 처음 먹은 건 무엇일까요? 심바가 먹고 토한 음식은? 축하하기 위해 먹는 식사는 무엇일까요?

잠자리에서 들려주는 동화
아프리카 민담은 때로
'tales by moonlight(달밤의 이야기, 달빛 아래 이야기)'이라고
불립니다.

잔꾀를 부리는 이야기
잔꾀에 능한 교활한 캐릭터는 아프리카 민화에 자주 등장합니다. 거미 아난시, 은여우 오고 유류가, 산 사마귀 등이 있습니다.

장면 전환(scene shift)
캐릭터가 움직이는 것을 독자가 이해하도록 돕는 방법입니다.

데이트라인(datelines)
독자에게 현재 위치와 시간을 알려주는 방법입니다. 예를 들어 2040년 화성, 카르바드 북쪽 등.

테세우스와 미노타우로스

라비린토스는 신화에서 가장 위대한 배경 중 하나입니다. 그 중심에는 괴물이 숨어 있는 끝없는 미궁이 있지요. 심리적으로 강렬합니다. 복도의 경계, 어둠, 깜박이는 횃불이 뿜어내는 강렬한 불빛, 그 자체만으로도 긴장과 공포를 자아냅니다.

모든 그리스신화처럼 테세우스 이야기에도 비극이라는 무거운 요소가 있습니다. 영웅의 행동은 아리아드네에 대한 마음과 괴물의 정복으로 한껏 차오른 자부심 탓에 더욱 복잡해집니다. 어둠 속으로 깊이 파고드는 분위기를 즐겨봅니다.

줄거리 요약

머리는 황소, 몸뚱이는 인간인 미노타우로스는 파시파에 왕비가 황소를 향한 부자연스러운 열정을 품은 후 잉태되어 크레타섬의 크노소스 궁전에서 태어났습니다. 수치심을 느낀 미노스 왕과 파시파에는 장인인 다이달로스를 불러 괴물을 가둘 미궁을 건설하라고 명령했습니다. 그 안에 발을 들이는 자는 누구든 길을 잃고 헤매리라.

한편, 크레타인은 미노타우로스에게 조공으로 바칠 젊은이를 매년 아테네에 요구합니다. 이 관행은 꽤 오랫동안 계속되었고 이로 인해 아테네인은 총명한 인재들을 잃었습니다.

어느 해, 아테네의 왕자 테세우스는 아버지 아이게우스에게 자신이 직접 가도 되는지 물었습니다. "좋아." 아이게우스가 대답했습니다. "성공하면 집에 도착하기 전에 검은색 돛을 흰색으로 바꾸거라." 테세우스는 크레타섬으로 떠났고 그곳에 도착하자마자 미노스 왕의 딸 아리아드네와 사랑에 빠집니다.

아리아드네는 테세우스에게 길잡이가 될 실타래(그리스어로 clew라고 불렀으며 영어 clue의 어원)를 건넸습니다. 테세우스는 미궁에 들어가서 미노타우로스를 발견하고 괴물을 무찌릅니다.

여기서 끝이 아닙니다. 테세우스와 아리아드네는 함께 섬에서 도망쳤지만 무엇 때문인지 테세우스는 아리아드네를 낙소스섬에 버리고 떠나버립니다. 훗날 디오니소스가 낙소스섬에서 아리아드네를 데리고 가지요.

테세우스는 다시 배를 타고 아테네로 돌아갑니다. 하지만 돛을 검은색에서 흰색으로 바꾸기로 한 약속을 까맣게 잊었습니다. 그의 아버지 아이게우스는 배가 다가오는 것을 보고 깊은 바다에 스스로 몸을 던졌습니다.

테세우스는 집에 도착한 뒤에야 자신이 아테네의 왕이자 고아가 되었음을 알게 됩니다.

PROMPTS

배경이 분위기에 미치는 영향을 검토해 봅시다

나만의 라비린토스 만들기

먼저 미궁 도면을 그린 다음 간단한 설명을 씁니다. 어떤 종류의 돌이 사용되었는지, 얼마나 어둡고, 얼마나 추울지 생각해 보세요. 그런 다음 미궁 제작자인 다이달로스의 관점에서 단락을 다시 작성합니다.

미노타우로스가 아는 것

미궁에서 다섯 곳을 선택하고 미노타우로스의 삶에서 일어난 각각 다른 5가지 사건과 연결해 봅니다. 이를테면 처음 도착한 순간, 잠잘 곳을 찾는 때라던가 첫 번째 공물이나 열 번째 공물, 그리고 마침내 죽음에 이른 순간을 말입니다.

미궁 움직이기

북쪽의 얼어붙은 황무지, 해저, 화산 옆으로 미궁을 옮겨 보세요.

감각 상실

시각 및 청각을 제외한 오감 중 4개만 사용하여 미궁 내부를 묘사해 보세요.

6가지 미궁 만드는 방법

미궁이 돌이 아니라 얼음, 나무, 불, 살아 있는 나무, 마법 등으로 만들어져 있다면? 6가지를 적어보고 그중 3가지를 고른 후 그것에 대해 써 보세요.

세계관 형성(world-building)
배경에 맞는 자료 편집 및 조사를 합니다.

시대착오(anachronism)
시대와 맞지 않아
배경과 부조화를 이루는
요소를 말합니다. 가령 1920년대
디지털시계처럼 말입니다.

미궁 미스터리
어떤 사람들은 미궁이 크레타섬의 크노소스에 있는 궁전이라고 믿습니다.

뛰어오르는 황소
미노타우로스 이야기의 기원은
황소 뛰기라고 생각합니다.

목소리, 스타일, 시점

　당신의 이야기, 즉 서사를 이끄는 목소리(narrative voice)는 당신의 글을 고유하게 만드는 요소입니다. 마치 지문이나 머리카락이 눈 위로 흘러내리는 모습, 오른쪽 뺨의 점, "에, 그래"라고 하는 특유의 말투와도 같은 것입니다.

　일부 작가는 한 단락만 봐도 누구의 글인지 알 수 있을 만큼 독특한 서사 목소리를 지녔습니다. 프랜시스 하딩의 풍부하고 기이한 어휘나 어니스트 헤밍웨이의 절제된 목소리를 보세요.

　목소리의 가장 멋진 점은 가능성이 끝이 없다는 것입니다. 생각의 밀물과 썰물에 따라 표류하는, 아름답고 멋지게 다듬어진 문장을 만들 수 있습니다. 아니면 간략하게 또는 냉혹하게 말할 수도 있습니다.

　당신은 숨을 멈추고 구두점이 전혀 없는 문장을 쓸 수도 있습니다. 다소 지껄이고 싶은 기분이 든다면 에둘러 말하기처럼 같은 내용이라도 시험 삼아 말을 더 늘려서 길게 표현할 수도 있습니다. 아니면 접속사를 많이 사용하여 글을 써 보세요. 끊김 없이 흡인력 있는 문장을 만들 수 있습니다.

단어가 풍부한 사전을 뒤져서 mouldiwarp, syzygy, ichor처럼 보석 같은 단어를 캘 수도 있습니다. 아니면 읽기 쉽게 구어체로 써도 좋지요.

당신은 유의어 사전(thesaurus[유의어]는 그리스어로 treasure[보물]의 뜻)을 재미 삼아 휙휙 넘기면서 찾아보고, 또 찾아보고, 이 잡듯이 샅샅이 뒤질 수도 있습니다.

길거리에서 혹은 주변에서 주워들은 최신 속어나 단어와 구절을 사용할 수도 있습니다. 어디까지나 당신 마음입니다. 당신 스타일은 바로 당신 자신입니다!

핵심은 명료함

추상명사의 남발은 피하고 가능하면 구체적인 명사를 사용하세요. 명료함과 정확성이야말로 신조로 삼아야 할 단어입니다. 항상 명료함과 정확성을 마음에 새겨둡니다.

소설은 머릿속에서 파악할 수 있어야 합니다. 상상한 그림을 쉽게 그릴 수 있어야 하지요. 그것은 균형입니다. 다시 말해, 당신의 문체는 당신만의 고유한 특성이지만 독자에게 방해가 되어서는 안 된다는 이야기입니다.

당신은 어떤 목소리를 낼 것이고 그렇게 목소리를 내는 이유는 무엇인가요? 목소리는 당신이 쓰고 있는 장르에 적합

해야 합니다.

스스로에게 다음과 같은 질문을 해보세요. 누가 이야기를 하고 있고 그 이유는 무엇입니까?

수 세기에 걸쳐 시도한, 검증된 표준 스토리텔링 시점은 3인칭 전지적 작가 시점입니다. 여기서 화자는 모든 것을 알고 있습니다. 당신은 사람의 마음과 생각을 꿰뚫어 볼 수 있는 신과 같습니다. 전지전능한 신이여! 당신은 무엇이든 할 수 있습니다.

오늘날 소설에서는 제한적 3인칭 시점을 일반적으로 사용하는데 이는 묘사 대상이 주인공이나 1인칭 시점으로 제한되어 있습니다. 각각 장단점이 있습니다. 3인칭을 선택했다면 첫 초안에서 흔히 발견되는 시점 전환을 조심하세요. 물론 시점이 전환되는 것과 관련해서 딱 부러지게 결론이 난 적은 없습니다. 솔직히 나는 특별히 신경 쓰지 않습니다. 지난 세기의 많은 작가들 역시 신경 쓰지 않은 것 같네요. 이런 방식을 좋아하지 않는 사람들은 이처럼 시점을 전환하는 걸 헤드호핑(head-hopping)이라고 부릅니다. 편집자는 대개 제한적 3인칭 시점에서 너무 자주 시점을 바꾸지 않는 걸 선호합니다.

제대로만 하면 헤드호핑은 자연스럽게 이루어지고 모든 게 순조롭게 잘 흘러갑니다. 하지만 그렇지 않다고 해도 겁먹을 필요는 없습니다. 모든 작가가 문장과 씨름하고 목소리를 제대로 내고 있는지 고심에 고심을 거듭하기 때문입니다. 우리는 머리를 쥐어뜯어요. 손톱을 물어뜯기도 합니다. 가위표로 지우고 쓰고 또 지우고 쓰기를 반복합니다. 그 문장이 딱 들어맞을 때까지 말입니다.

목소리 선택

1인칭 시점 서술로 당신이 쓰는 내용이 무엇인지 곰곰이 생각해 봅니다. 독자가 당신이 창조한 캐릭터의 마음속을 자유롭게 드나들도록 허용했나요? 아니면 그건 그저 당신의 캐릭터가 쓴 어떤 결과물인가요? 이를테면 일기나 메모, 특정한 기록 같은? 만약 후자라면 서술자를 신뢰할 수도, 신뢰하지 못할 수도 있다는 뜻이므로 활용 면에서 훨씬 더 흥미로울 수 있습니다. 신뢰할 수 없는 서술자라면 일종의 진실 게임처럼 특정 순서에 맞춰 당신에게 카드를 하나씩 꺼내 보일 테니 말이지요. 이런 경우 전체 조각이 맞춰지는 순간, 크나큰 반전이 생길 수도 있습니다.

캐릭터와 그들의 목소리에 대해 생각할 때 그들을 연상시키는 단어를 메모합니다. 각각의 캐릭터는 자신의 목소리를 가지고 있으며 이는 대화에서도 드러납니다. 단어와 구절이 인물과 성격을 구별하는 데 도움을 줍니다. 가령, 시어도라 이모는 "이제 따라와!"라고 말합니다. 재스퍼 삼촌은 항상 "아마도…"로 문장을 시작하고 옆집에 사는 에르민트루드는 입을 열 때마다 "쯧" 소리를 냅니다.

무엇보다도 연습이 가장 중요합니다. 시인 테드 휴스는 그가 존경하는 작가(이를테면 윌리엄 셰익스피어나 조너선 스위프트)의 구절을 필사하곤 했습니다. 실제로 필사부터 시작하는 것이 좋습니다. 부디 좋아하는 책에서 진정으로 감동을 주는 단락을 찾아서 필사해 보세요. 명사와 동사는 어디에 있고 부사가 사용된다면 형용사는 어디로 가는지 확인해 보세요. 단어의 세부적인 쓰임과 활용을 들여다보세요. 문장에서 효과를 주기 위해 단어를 어떤 식으로 배열했는지도 보세요. 그런 다음에 작가의 스타일로 장면을 쓰세요. 이것은 그 자체만으로도 재미난 연습입니다.

　꾸준히 연습하다 보면 자신만의 목소리를 개발할 수 있습니다. 자신만의 독특한 특성, 너무 자주 튀어나오는 특정 단어, 과도하게 사용하는 특정 문구도 알아차리게 됩니다. 그건 분명 고통스러운 과정이지요. 그리고 그 과정은 점점 더 힘들어질 겁니다. 하지만 절망하지 마세요! 꾸준히 연습하는 동안 점차 좋아질 테니까요.

　문장 단계에서 연습하는 방법이 많이 있습니다. 자, 시작합니다. 주변의 방이나 공원, 비행기, 이 글을 읽고 있는 곳을 빙 둘러보세요(잠수함, 에펠탑, 열대우림에 있다면 정말 부러워요). 전지적 시점에서 그것을 묘사하는 짧은 단락을 작성합니다.

아틀란티스 섬은 사람들이 신을 분노케 한 이후 해저 밑으로 가라앉았습니다.

이제 방을 잘 아는 사람의 눈으로 제한적 3인칭 시점에서 설명합니다. 이번에는 그 방을 처음 본 사람처럼 다시 똑같이 해보세요. 이제 감각을 제거합니다. 소리, 시각 또는 냄새만을 사용해 설명합니다. 이번에는 두 음절 이하의 단어로만 써 보세요. 본질은 같은 방이지만 표현에는 여러 형태가 있음을 알게 됩니다. 글을 쓸 때는 항상 이것을 명심하세요.

이제 저 깊은 해저 밑바닥에 침몰한 아틀란티스로 내려가고 동화 속 고

대 그리스로 갑니다. 어디를 가든지 당신이 사용하는 목소리와 스타일을 주의 깊게 고려하세요. 단어를 어디에, 어떤 순서로 쓰는지 지켜보세요. 곧 자신의 목소리를 개발하고 있음을 알게 될 것입니다. 그것은 한 번도 꿈꿔 본 적 없는 곳으로 당신을 데려다줄 것입니다.

다음 몇 가지 예를 살펴보며 당신만의 목소리를 찾아봅니다.

3인칭 전지적 시점

"아서는 풀이 죽어 느릿느릿 침실로 걸어 들어갔다. 이를 본 기네비어가 일을 멈추고 그를 위로하기 위해 황급히 아서의 곁으로 뛰어갔다. 밖에는 비가 나무를 때렸고 일꾼들은 아내와 반가운 저녁 식사가 기다리고 있는 집으로 발길을 재촉했다…."

글의 서술자는 아서와 기네비어의 마음은 물론, 밖에서 일하는 사람들의 마음도 헤아리고 있습니다.

3인칭 제한적 시점

"아서는 풀이 죽어 느릿느릿 침실로 걸어 들어갔다. 기네비어는 일을 멈추고 그의 곁으로 달려갔다. 빗방울이 창문을 때렸고 아서는 밖을 내다보며 일을 하던 사람들이 비를 피해 뛰어가는 모습을 지켜보았다."

이 단락은 아서가 보고 알 수 있는 것이 제한됩니다. 독자는 기네비어가 그에게 달려가는 모습에서 그녀의 의도가 무엇이며, 일하던 사람들이 어디로 뛰어가고 있는지 유추할 수 있을 뿐입니다. 전지적 시점 서술보다 더 넓은 시야를 제공하고 더 친밀하고 더 생생하게 느껴진다는 이점이 있습니다.

1인칭 시점

"나는 풀이 죽어 침실로 어슬렁어슬렁 걸어 들어갔다. 기네비어가 바느질을 하는 모습이 보였다. 그녀가 그걸 옆으로 내팽개치고 곧장 내게 다가왔다. 위로받기 싫어서 나는 그녀를 못 본 척 창가로 걸어가 쏟아지는 비를 내다보았다…."

문제점이 바로 보입니다. 아서왕처럼 느껴지나요? 그는 어떤 목소리를 가졌을까요? 왕의 말투를 써 볼까요?

"나는 침실에 들어갔노라. 그리하여 내 슬픔이 드러났도다…."

더 자연스럽게 들리게 해 볼까요? '바로 이거야' 하는 순간이 올 때까지 계속 시도합니다.

파르테니아와 아르갈로스

필립 시드니 경의 〈아르카디아〉는 매혹스럽고 복잡한 엘리자베스 시대의 서사시입니다. 주요 플롯은 2명의 왕자 무시도로스와 파이로클레스가 파멜라와 필로클레아라는 두 공주와 사랑에 빠지는 것입니다. 무시도로스와 파이로클레스는 변장하고 있었는데 한 명은 양치기로, 다른 한 명은 남자처럼 보이는 여인의 모습이었습니다. 왕과 왕비 모두 파이로클레스와 사랑에 빠졌습니다. 왕은 그를 여자라고 생각하고, 왕비는 그의 정체를 알고 있었습니다. 이 소설은 파르테니아와 아르갈로스를 포함한 하위 플롯으로 꽉 차 있습니다.

줄거리 요약

매력적인 기사인 아르갈로스는 두뇌가 명석하고 용감했습니다. 그는 아름답고 똑똑한 파르테니아와 사랑에 빠졌지요. 하지만 파르테니아는 이미 오만하고 이기적인 데마고라스와 약혼한 상태였습니다.

파르테니아의 어머니는 아르갈로스를 내쫓기 위해 그에게 갖은 노동을 종용했습니다.

아르갈로스와 파르테니아는 결국 결혼을 결정했고 아르갈로스는 결혼식에 초대할 친척을 불러 모으기 위해 집으로 돌아갔습니다. 그가 없는 동안 데마고라스는 파르테니아를 공격하여 그녀의 얼굴에 독을 발라 나병 환자처럼 보이게 만들었습니다.

아르갈로스는 돌아와 파르테니아의 모습이 흉측하게 변한 것을 알게 되었습니다. 그러나 그녀를 향한 그의 사랑은 깊고도 깊었던지라 데마고라스에 대한 복수를 미루고 그녀와 결혼하겠다고 고집을 피웠습니다.

그러나 파르테니아가 거절했습니다. 자신이 더는 그에게 걸맞지 않은 상대라고 생각하며 아르갈로스에게 자유를 주려고 합니다. 파르테니아는 눈물을 흘리며 몰래 도망쳤습니다. 망연자실해진 아르갈로스는 파르테니아를 오랫동안 찾아 헤매다가 데마고라스에 대한 복수를 꾀했지만 붙잡히고 맙니다.

천신만고 끝에 구조된 아르갈로스에게 뜻밖의 일이 생깁니다. 낯선 젊은 여성이 하룻밤 묵으면서 아르갈로스와 숨김없이 대화를 나누고 싶다는 것이었습니다. 그녀는 파르테니아와 꼭 닮은 여성이었습니다. 그녀는 파르테니아가 한 말을 전하는 것이라며, 아르갈로스의 사랑이 자신에게로 옮겨져야 한다고 했습니다. 혼란에 빠진 아르갈로스는 거절합니다. 파르테니아가 죽었다고 해도 그의 심장은 오직 파르테니아의 것이었기 때문이지요.

그러자 그녀는 자신이 진짜 파르테니아임을 밝힙니다. 의사가 그녀를 치료해 주었는데 아르갈로스의 사랑을 시험한 것이라고 말했습니다. 그들은 결혼합니다. 하지만 오래오래 행복하지는 못했습니다. 둘 다 아르카디아 전쟁에서 희생되었기 때문입니다.

PROMPTS

이야기의 시점을 전환해 볼까요?

녹색 눈의 괴물

파르테니아는 클리토폰을 먼저 만납니다. 그러다가 그녀는 아르갈로스를 위해 클리토폰을 밀어내지요. 아르갈로스와 파르테니아가 처음 만난 순간을 클리토폰의 목소리로 쓰세요.

도주의 이유

파르테니아가 아르갈로스에게서 도망치기로 했을 때 그녀의 말을 클리토폰의 목소리와 구별하여 써 보세요. 심리적으로 설득력 있게 만드세요. 그녀에게는 어떤 이유가 있었을까요? 그녀는 왜 그를 거부했나요?

서술 방식의 변경

가능한 한 예스럽게 정중한 말투의 3인칭 시점 서술로 이야기의 시작을 씁니다. 그런 다음 구어적이고 현대적인 서술 방식으로 다시 써 보세요. 어느 것이 더 잘 어울립니까?

간결한 글쓰기
짧지만 효과적인 문장을 사용하여 이야기의 중간을 쓰되 혼란, 희망, 놀라움, 사랑, 분노와 같은 추상명사 사용은 피합니다.

해피 엔딩
파르테니아와 아르갈로스는 둘 다 아르카디아 전쟁에서 죽지만 그렇지 않았다면 그들이 맞이할 미래를 상상해 보세요. 그들을 위해 해피 엔딩을 써 보세요.

접속사 생략(asyndeton)
접속사 '그리고, 그러나, 또는, 그럼에도'가 없는 문장은 절에 겹겹이 쌓여서 숨이 막히는 느낌을 줍니다.

추상명사(abstract nouns)

추상명사는 보거나 경험할 수 없는 아이디어, 개념 또는 특성을 나타냅니다.

영웅의 죽음
필립 시드니 경은 31세의 나이로
전투에서 사망했습니다.
그는 물이 더 필요한 병사에게 주어야 한다고
말하며 한 잔의 물을 거부했습니다.

아틀란티스

매우 특별한 상황에서 존재하는 문명을 상상하는 것은 언제나 매력적입니다. 아테네 철학자 플라톤의 대화에서 유래한 가상의 아틀란티스 섬 이야기는 해저에 가라앉은 거대한 섬 도시에 관한 이야기입니다. 이후, 아틀란티스는 해저 도시의 대명사가 되었습니다. 그러나 많은 사람이 침몰한 본래 이유를 망각합니다. 플라톤은 크리티아스가 그의 할아버지에게서 들었고 정치가 솔론은 그 이야기를 이집트 성직자에게서 들었다고 합니다.

줄거리 요약

아틀란티스 섬은 헤라클레스의 기둥 너머 어딘가에 있었습니다. 포세이돈은 그의 아들 아틀라스에게 섬을 주었고 문명은 번영을 거듭하며 문화를 꽃피우고 성장했습니다. 문명은 점점 고급스러워졌지요. 아틀란티스인들은 새로운 세계를 정복하기 전까지 점점 더 강력해졌습니다. 그들은 유럽과 아프리카 땅을 휩쓸고 마침내 이집트와 이탈리아에 이르는 거대한 제국을 손에 넣었습니다(물론 아테네 사람들이 그들을 쫓아냈을 것입니다. 이 이야기는 플라톤이 들려준 이야기라는 것을 잊지 마세요).

아틀란티스인들은 번영했지만 번영은 항상 몰락 직전에 찾아오는 법, 얼마 지나지 않아 신들의 노여움을 삽니다. 재앙이 시작되었습니다. 플라톤은 섬 전체가 지진으로 인해 이틀 만에 바다로 가라앉았다고 말합니다.

PROMPTS

독특한 목소리의 캐릭터를 창조해 봅시다

남겨진 자

군대가 본토 정복을 시작하는 날을 생각해 보세요. 다음 중 하나를 고릅니다. 장군, 군인, 동조자. 그들이 떠난 뒤 남겨진 사람들의 목소리를 사용하여 글을 써 보세요.

유럽 침공

아틀란티스인들이 유럽에 도착합니다. 이 순간을 1인칭 현재 시점과 1인칭 과거 시점으로 써 보세요.

군사 전략

성공적인 침략을 위한 지침 매뉴얼, 즉 장군의 전략을 써 보세요.

거대 문명의 몰락

타락! 아틀란티스인들은 지나치게 부유해집니다. 향, 오랑우탄, 산, 향신료, 왕좌와 같은 단어를 사용하여 짧게 써 보세요.

해일 발생

세상이 가라앉은 날입니다. 아틀란티스인들의 집에서 4개의 사물을 가져와 당시의 황폐한 상황을 묘사하도록 합니다.

최적의 장소

아틀란티스를 다룬 이 이야기는
위치 선정에 관해 생각해 볼 수 있는 아주 좋은 이야기입니다.
실제로 한 요소에서 다른 요소로 옮겨가기 때문에
가장 적합한 이야기이지요.
또한 인간이 세운 건조물에 대한 덧없음을 일깨워줍니다.
목소리를 탐구하기 딱 좋은 환상적인 장소이지요.

아나포라(anaphora)
문장이 시작될 때 단어나 구절을 반복하는 것으로 다음과 같습니다.
"그녀는 천천히 뚜껑을 열었다.
그녀는 천천히 상자를 풀었다.
그녀는 천천히 상자를 열었다…."

시인 금지
플라톤의 공화국은 도시 전체가 엄격한 법률에 묶여 있다고 상상합니다. 플라톤은 자신의 도시에서 시인의 활동을 허용하지 않았습니다.

가짜 뉴스
아틀란티스는 플라톤이 만든 가상 세계입니다.
그런데 사람들은 계속 그 세계를 진짜라고 믿습니다!

올바른 대화 사용법

    소설 속 대화의 빠른 전개가 몰입도를 높인다고 말하는 글쓰기 선생들이 있습니다. 또 과거보다 현재 시제가 더 생생하다고도 말합니다. 그 사람들은 책을 좀 더 읽어야 할 것 같군요! 과거 시제 역시 현재와 마찬가지로 생생하기 때문이지요. 숨 돌릴 틈 없이 내용이 빠르게 흘러간다고 해서 소설이 꼭 재미있는 것도 아니고 말입니다.

    대화도 마찬가지입니다. 물론, 대화는 소설을 더 생생하게 만듭니다. 하지만 딱 어느 정도까지만 그렇습니다.

    소설 원고의 가장 흔한 오류 중 하나는 대화가 너무, 너무, 너무 많다는 것입니다. 다음을 보세요.

"안녕."
그녀가 말했다.
"안녕!"
그가 대답했다.

"잘 지내?"

그녀가 물었다.

"응, 고마워."

그가 대답했다.

"오, 좋아."

그녀가 끼어들었다.

"오늘 우리 뭐 할까?"

무슨 말인지 알겠지요? 대화라고 해서 반드시 직설적인 산문보다 더 생생하거나 흥미진진한 것만은 아닙니다. '끼어들었다'라는 말을 보세요. 물론 좋은 단어입니다. 하지만 쉽고 간단하게 '말했다'라고 쓰는 것보다 더 특별한 효과가 있을까요?

두 번째 공통적인 오류는 바로 영화처럼 대화를 쓰려는 시도입니다. "시작합시다!" 또는 "지금 시작합니다" 같은 구절이 많더군요. 소용돌이치는 음악, 먼 곳을 응시하는 등 그것은 대화에 시각적인 장치가 있을 때만 효과가 있습니다. 텍스트만으로는 그런 공허함을 메울 수 없습니다. 당신의 캐릭터가 영화 속 한 장면을 배경으로 대화를 나누는 모습은 상상할 수 있습니다. 그러나 기억하세요! 독자에게는 이것이 보이지 않는다는 것을 말입니다.

세 번째는 대화가 실제 생활에서 어떻게 발생하는지 적을 필요가 없다는 것입니다. 대부분의 대화는 이상하고 두서없고 중요하지 않습니다. 날씨 이야기로 시작해서 기르는 강아지의 건강과 도로 상황을 거쳐 정치적 싸움으로 끝날 수 있습니다. 소설에서 대화는 훨씬 더 집중력 있고 정확하며 활기차게 그 역할을 다해야 합니다. 카페에 앉아 주변 사람들이 하는 말을 받아 적는다면 대화는 주제를 이리저리 맴돌 뿐만 아니라 내용 역시 앞뒤가 잘 맞지 않고(누군가 날씨를 물었는데 시간을 알려주는 식) 사람들은 주저하며 여러 번 같은 말을 반복한다는 사실만 알게 될 뿐입니다. 대단히 사실적인 것을 추구한다면 여지가 있겠으나 실제 상황과 똑같이 대화하기는 사실상 무척 어렵습니다. 대신 정보와 인물을 간결하고 정확하게 전달하는 사실적인 대화를 목표로 하는 것이 좋습니다.

대화의 주요 기능 파악하기

이상적으로 말하면 대화에는 3가지 주요 기능이 있습니다. 대화는 누군가의 성격을 알려줍니다. 플롯에 대해 말해 줄 수도 있지만 자연스럽지 않은 방식으로 너무 많이 설명해서는 안 됩니다. 대화는 안도감을 제공하거나 긴장감이나 분위기를 더할 수 있습니다.

많은 일이 서브텍스트(subtext 문학작품에서 텍스트 이면에 담긴 뜻) 즉 사람들이 말하지 않는 것, 독자가 추론할 수 있는 행간에서 일어납니다. 그것이 가장 강력한 이야기의 힘입니다. 많은 창작 선집과 교과서는 어니스트 헤밍웨이의 소위 "흰 코끼리 같은 언덕"이라고 불리는 이야기를 즐겨 사용하는데 이 이야기는 트라우마를 직접 언급하지 않으면서도 독자가 명확하게 추론할 수 있도록 합니다.

몇 가지 예를 살펴보겠습니다. 제국이 위협받고 있는 한 여왕에 관한 판

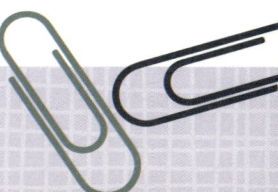

타지 이야기를 쓴다고 가정합시다. 여왕이 조언자인 한 고문과 이야기하는 장면에서 정보를 얻고 싶습니다. 시작하는 방법은 다음과 같습니다.

"오늘 아침에 일로니안의 메시지가 도착했네."
이몰다 여왕이 말했다.
"뭐라고 쓰여 있었나요?"
그녀의 고문인 톤투스가 말했다.
"3일 전 카린티아인이 볼스코에 무장한 병사를 보냈다고 하네."
"그렇다면 우리는 즉시 대응해야 합니다."
톤투스가 말했다.
"내 생각은 다르네."
여왕이 끼어들었다.
"시간을 끌어야만 해. 우리에게는 병사가 충분하지 않아. 게다가 그들은 이동 중 지쳐 쓰러지고 말 거야. 우리는 더 많은 군인을 양성해야 해. 위협이 너무 크네."

위 대화에는 설명이 많습니다. 군대에 대해, 그들이 어디로 가는지, 여왕이 무엇을 할지 생각할 수 있습니다. 그러나 소설에서는 이 모든 게 너무 밋밋합니다. 이제 정보는 알았으니까 대화는 줄이고 몸짓에 좀 더 주의를 기울입니다. 몸짓 역시 대화에서 중요한 요소임을 기억하세요. '그가 말했다'를 '그가 코를 긁었다'와 같은 표현으로 바꿀 수 있습니다. 독자는 여전히 누가 말했는지 알 수 있으니까요. 다음 형태를 보십시오.

이몰다 여왕은 일로니안의 동맹국에서 보낸 메시지를 검토하고 있었다. 그녀 앞에 놓인 탁자에는 작전지도가 펼쳐져 있었고 여왕은 장난감 병정을 좌우로 기울이고 있었다.
"빨리 행동하십시오."
톤투스는 여왕의 병정을 성채에서 볼스코로 옮기기 시작했다.
이몰다가 그의 손목을 붙들었다.
"그럼 병사들을 어떻게 보충하겠나?"
그녀는 병정을 카린티아로 밀어 넣었다.

이미 더 많은 일이 벌어지고 있습니다. 지도에 세부적인 내용이 담겨 있습니다. 바로 여왕이 (구체적이지 않은) 무언가를 계획하고 있다는 암시, 장군의 개입, 행동을 두려워하지 않는다는 것을 보여주는 여왕의 반응입니다.

'그녀가 말했다'라는 표현도 쓰지 않았습니다. '말했다'를 쓰는 사랑스러운 방법이 많이 있습니다. '끼어들었다', '충고했다', '경고했다', '간언했다'와 같은 말입니다. 이런 말은 다 쓸모가 있고 이런 말이 없어진다면 세상은 훨씬 더 빈약해질 것입니다. 하지만 정확히 들어맞고 다른 어떤 말도 통하지 않을 때만 사용되어야 합니다. 99퍼센트는 '말했다'를 사용하는 것이 좋습니다. 뿐만 아니라 그 말을 생략하고 몸짓이나 분위기에 어울리는 침묵으로 대체하는 실험을 할 수도 있습니다. 위 구절을 가지고 연습해 봅니다.

이몰다 여왕은 일로니안에서 보낸 메시지를 검토하고 있었다. 증조할 아버지의 시계가 정각을 울렸고 그녀의 마스티프(mastiff 털이 짧고 덩치가 큰 개. 주로 경비견으로 쓰임)가 반들거리는 바닥을 재빠르게 뛰어갔다. 여왕의 앞에는 지도가 펼쳐져 있었다. 그녀는 조그만 장난감 병정을 좌우로 살며시 기울이고 있었다.

"빨리 움직이셔야 합니다."

톤투스가 손을 뻗어 병정을 성채에서 볼스코로 옮겼다.

여왕이 그의 손목을 잡았다. 여왕의 눈빛은 또렷했지만 부족한 수면 탓인지 눈 밑이 어둡게 그늘져 있었다.

"병사들을 어떻게 보충할 텐가? 어떻게?"

대화를 간접화법으로 요약하는 방법도 있습니다. 전체 대화를 작성하여 말할 내용과 그렇지 않은 내용을 확인한 다음 한두 줄로 요약하는 것입니다. 이것은 사건과 서사를 강조하는 데도 도움이 됩니다.

대화의 영향력 고려하기

대화를 사용하지 말아야 할 부분에 대해 고민하는 것도 도움이 됩니다. 줄거리를 하나하나 품을 들여서 설명하려고 애쓰지 마세요.

"엄마, 다시 찾아가 보니까 사라진 가게에서 이상한 반지를 주운 이후 로 계속 이상한 행동을 하셨어요. 괜찮으세요?"

장황한 말을 늘어놓을 목적으로 대화를 사용하지 않습니다.

"엄마, 요즘 왜 그렇게 이상한 행동을 하는지 궁금했어요. 제 말은, 뭐가 정상이지요? 우리가 정상인가요? 저는 정상이에요? 결국 우리는 모든 사람에게 완전히 자의적인 기준을 적용하잖아요. 그러니까 엄마가 땅에서 한 발 들고 서 있는 게 엄마한테는 정상인 거죠? 다른 사람들은 안 그러잖아요."

사물이나 사람을 설명하지 마십시오.

"엄마, 난 엄마의 그 멋지고 반짝거리는 구식 해골 반지가 아주 마음에 들어요! 지금 넋 놓고 보고 있는 이 새하얀 드레스와 사랑스러운 인조 다이아몬드 귀걸이가 너무 잘 어울려요! 접수해요!"

캐릭터가 처한 상황을 고려해야 합니다. 사람들이 집에 있을 때 말투가 어떻게 달라지나요? 버스나 술집에 있을 때보다는 더 사적이고 친밀할 것입니다. 그들에게만 통하는 농담이나 그들의 관계에서 특별한 대상을 말하는 방식이 존재할 수도 있습니다.

당신의 캐릭터에 대해서도 생각해 봐야 합니다. 그들의 기분이 대화 내용에 어떤 영향을 미치고 있는지와 결정적으로 그 상황에서 그들이 원하는 것이 무엇인지 말이지요. 누군가를 설득하려고 합니까? 아니면 무언가를 숨기려고 하는 걸까요? 그들은 거짓말을 하고 있나요 아니면 진실을 말하고 있습니까?

뒤에서 대화의 여지가 많은 몇 가지 이야기를 살펴보겠습니다. 프시케가 페르세포네와 흥정하기 위해 지하세계로 내려가는 것과 다양한 일을 어떻게 헤쳐 나가는지 보게 될 것입니다. 로빈 후드와 함께 노팅엄주 장관을 골탕 먹입니다. 한 신을 설득하여 다른 신을 죽이도록 할 것입니다. 항상 사람들이 무슨 말을 하는지, 왜 그런 말을 하는지, 어떻게 말하는지 생각해 보세요.

에로스와 프시케

에로스와 프시케의 매혹적인 이야기는 동화를 사랑하는 사람이라면 누구에게나 친숙할 것입니다. 푸른 수염의 사나이(Bluebeard 프랑스의 전설, 냉혹하고 잔인하여 아내를 여섯이나 죽인 인물)와 바바 야가의 이야기에서도 그 아이디어는 고스란히 반복됩니다. 이 이야기는 기원전 2세기에 루치우스 아풀레이우스의 외설적인 라틴어 소설인 『황금의 당나귀』에 실린 내용인데 주인공이 실수로 당나귀가 됩니다. 등장인물 사이에 공통점이 없는 장면이 많기 때문에 대화의 예시로 골랐습니다.

줄거리 요약

프시케는 왕의 가장 아름다운 딸이었고 미와 사랑의 여신 아프로디테 대신 숭배를 받았습니다. 질투를 느낀 아프로디테는 아들 에로스를 보내 프시케가 어떤 추한 것과 사랑에 빠지게 만듭니다. 공교롭게도 에로스는 자신의 화살에 상처를 입고 프시케와 사랑에 빠집니다.

프시케의 아버지는 왜 자신의 딸에게 구혼자가 없는 것인지 신탁에 물었고 그녀가 괴물과 결혼할 운명이라는 무시무시한 신탁을 받습니다. 공포에 사로잡힌 왕은 프시케를 황야에 남겨두고 떠납니다. 그때 서풍이 프시케를 들어 올려 멀리 실어다 주었고 그녀는 자신을 물심양면으로 보살펴주는 아름다운 집에서 깨어납니다.

매일 밤 한 남자가 프시케를 찾아왔지만 그의 얼굴을 보는 것만큼은 허락하지 않았습니다. 프시케는 두 언니가 집에 방문할 수 있도록 그를 설득하였습니다. 마침내 프시케를 찾아온 두 자매는 여동생이 누리는 화려한 삶에 질투를 느끼며 프시케의 남편이 누구인지 캐물었습니다.

꼬임에 넘어간 프시케는 침실에 등잔불을 숨겨 놓고 어느 날 밤 남자의 모습을 비춰보았지요. 그런데 그 순간 등잔불에서 기름 한 방울이 흘러내리는 바람에 그가 깜짝 놀라 잠에서 깼습니다. 에로스는 그대로 날아올랐습니다.

아프로디테가 에로스를 가두었고 흔히 하는 대로 프시케를 시험합니다. 프시케는 새벽까지 곡식을 종류별로 골라 놓아야 했어요. 다행히 친절한 개미들이 그녀를 도와주었지요. 그 후 프시케는 스틱스 강에서 물을 길어야 했고 마침내 지하세계의 여왕인 페르세포네의 아름다움을 가져와야만 했습니다. 페르세포네는 상자 안에 있는 걸 절대 열어 보지 말라고 당부하면서 상자 안에 아름다움을 넣어 줍니다. 물론 프시케는 상자를 열어보았으며 즉시 죽음의 잠에 빠져듭니다.

한편 에로스는 어머니에게서 탈출하여 프시케를 구출합니다. 그들은 그 상자를 아프로디테에게 주었고 아프로디테는 프시케가 에로스와 결혼할 수 있도록 그녀를 불멸의 존재로 만들어 주었습니다.

드디어 해피 엔딩입니다. 만세!

PROMPTS

다음 내용으로
대화를 시도해 보세요

쓰고 자르기

프시케가 언니들이 방문하도록 에로스를 설득하는 장면을 구성합니다. 그러고 난 뒤에 대화의 절반을 잘라보세요.

분위기 전환

아프로디테가 프시케에게 곡물을 종류별로 분류하라고 말하는 장면을 써 보세요. 먼저 아프로디테를 설득력 있게 써 보고 그다음에는 아프로디테를 무례하게 만들어보세요.

설득의 기술

지하세계. 프시케가 페르세포네를 만나는 장면을 써 보세요. 어떻게 페르세포네에게 그녀의 아름다움을 달라고 설득할까요?

뱃사공과의 대화

늙은 뱃사공 카론은 프시케를 실어 스틱스 강을 건너고 있습니다. 하지만 여행 중에 서로 무슨 말을 해야 하나요?

잡담의 연구

왕, 아프로디테, 프시케, 에로스, 페르세포네와 어울리는 단어 목록을 만들어보세요. 목록을 이용해 당신이 선택한 이야기의 한 지점에서 누구든 둘 사이의 짧은 대화를 쓰세요.

독백(monologue)
혼자 말합니다.

완곡한 표현/에둘러 말하기(circumlocution)
한마디만 말해도 되는데
너무나 많은 단어를 사용하는 것입니다.

가슴이 두근두근
프시케는 그리스어로 '영혼'과 '나비'를 뜻하는 단어입니다.

이야기꾼
아풀레이우스는
볼품없는 노파에게 에로스와
프시케의 이야기를 해주고
노파는 납치된 신부의 기분을 풀어주려고
그녀에게 들려줍니다.

로빈 후드

모두가 좋아하는 중세 무법자 로빈 후드는 오늘날에도 여전히 매력적인 인물입니다. 사람들은 흔히 그를 부유한 사람들을 약탈하여 가난한 사람들에게 나눠주는 의적으로 생각합니다. 대부분의 민담과 마찬가지로 전해 내려오는 이야기는 여러 민담이 뒤죽박죽 혼합된 형태이지요. 재창조된 많은 이야기에서 로빈 후드는 추방당한 귀족으로 그려지기도 하지만 가장 첫 번째 버전에서는 분명히 젊은 자작농으로 나옵니다(그와 가장 관련이 많은 존 왕과 리처드 1세 이전 배경). 그러나 다음은 가장 일반적인 버전의 이야기입니다.

줄거리 요약

로빈 후드는 '유쾌한 동료들'이라는 추종자들과 함께 그린우드에서 살았습니다. 사자왕 리처드 1세가 십자군 전쟁에 나가 싸우는 동안 동생인 존과 남작들은 왕이 없는 틈을 타 가난한 사람들에게 폭정을 일삼았습니다.

로빈과 그의 무리는 세금을 내지 않는 범법자였고 부자들을 약탈했습니다(그리고 가난한 사람들에게 골고루 나눠주었지요). 로빈의 무리는 녹색 옷을 입고 주로 숲에서 생활했는데, 로빈을 좋아하는 마리안과 유쾌하고 뚱뚱한 터크

수사, 리틀 존(거인), 음유시인 앨런 어 데일, 그리고 윌 스칼렛이 함께했습니다.

어느 날, 노팅엄주 장관은 축제에서 활을 가장 잘 쏘는 사람에게 줄 상으로 은화살을 내걸었습니다. 로빈은 그것이 함정일 가능성이 크다는 것을 알면서도 참가하기로 합니다.

그날이 다가왔습니다. 3명의 궁사가 대회를 치렀습니다. 한 명은 기즈번의 비겁한 남자의 하인인 프랑스 남자였고 다른 한 명은 그 고장에 사는 영국 남자, 마지막 한 명은 누더기 망토를 걸친 노인이었습니다. 이 모습을 본 악질 주 장관은 기쁨을 감추지 못했습니다. 로빈이 너무나 비겁한 나머지 대회에 참가하지 않았다고 생각했기 때문이지요.

프랑스 남자가 쏜 화살이 빗나갔습니다. 영국인의 화살은 목표물을 스쳤습니다. 마지막으로 노인이 쏜 화살은 목표물을 정확히 반으로 갈랐습니다. 군중은 숨을 죽였습니다. 도대체 저 힘은 어디서 난 걸까요?

노인은 자신이 로빈 후드임을 밝히고 노팅엄주 장관에게 달려가 은화살을 낚아챈 뒤 군중 속을 헤치며 되돌아 나갔습니다. 그와 그의 동료는 아슬아슬하게 위기를 모면하고 탈출에 성공하여 밖에서 기다리던 말에 올라타 전설 속으로 유유히 사라집니다.

PROMPTS

다양한 소통 상황에서 대화의 역할을 탐색해 봅시다

사건의 선동

로빈의 무리가 활쏘기 대회 소식을 듣는 장면을 쓰세요. 마리안은 이성적인 목소리를 내도록 하세요. 어린 소녀, 말하는 까마귀, 장님 중 하나를 메신저로 선택하세요.

방관적 입장

두 관중 사이의 대화를 사용하여 대회와 관련된 이야기를 작성합니다. 그 장면에서는 오직 대화만 사용하세요.

거울아, 거울아

노팅엄주 장관은 무슨 말을 했을까요? 그가 속임수를 쓰고 있다고 상상해 보세요. 장관이 거울을 보면서 혼잣말을 하는 건 어떨까요?

옛것과 새것
로빈이 그린우드에서 집으로 돌아오는 장면을 처음에는 예스러운 말투로, 다음에는 현대식 말투로 쓰세요.

묵언의 대화
어떻게 해서든 대화를 사용하지 않는 장면을 만들어보세요. 몸짓만으로 의미를 전달해 보세요.

직접진술(direct statement)
인물이 직접 말할 때를 가리킵니다.
"당신 뒤예요!" 사만사가 소리쳤습니다.

간접진술(indirect statement)
말이나 생각이 간접적으로 전달될 때를 말합니다.
앨리샤는 그들 모두 그날 오후에
테니스 코트에 가야 한다고 말했다.

영화 산업
로빈 후드 관련 영화는
100편이 넘는답니다.

봄의 여신
마리안(Maid Marian)은
5월의 여왕 축하 행사와 관련이 있어요.

로키와 발데르

로키는 토끼 순구라처럼 트릭스터입니다. 그는 순구라와 달리 괴물들의 아버지이기도 하지요. 헬(저승의 여신), 세상에서 가장 커다란 뱀 요르문간드, 세상의 종말에서 만나게 될 늑대 펜리르의 아버지입니다. 말 슬레이프니르의 어머니이기도 하지요(로키는 한때 암말로 형태를 바꾸었습니다). 로키는 교활하고 변덕스럽습니다. 이야기꾼과 청취자 모두에게 매력적이지요. 로키는 여기서 최악의 행위를 보여줍니다. 그 행위가 제공하는 여러 가능성 때문에 대화 연습을 위해 이 이야기를 선택했습니다. 신들의 고향 아스가르드, 지하세계의 어둠, 프리가가 여행하는 모든 세계와 그곳에 사는 주민들이 등장합니다.

줄거리 요약

발데르는 모든 북유럽 신 가운데 가장 아름다웠지만 악몽 같은 예지몽에 시달리면서 괴로워합니다. 발데르의 아버지 오딘은 변장하고 미래를 내다보는 여인을 찾아 지하세계로 갔습니다. 오딘은 여인이 멋진 잔치를 준비하고 있는 모습을 발견합니다. 여인은 그에게 발데르를 위한 잔치라고 말합니다. 오딘은 신들이 사는 아스가르드로 돌아와 발데르의 어머니인 프리가에게 지하세계에서 있었던 일을 자세히 말해 주었습니다. 프리가는 온 세상을 돌아다니며 모든 것으로부터 발데르를 해치지 않겠다는 맹세를 받아냅니다.

한동안 신들이 가장 즐거워한 게임은 무기며 온갖 피조물, 물건을 발데르에게 던지는 것이었는데 정말 신기하게도 그 모든 것이 발데르에게 아무런 해를 끼치지 않고 그를 피하거나 튕겨 나가는 것이었습니다. 로키는 그 광경을 지켜보고 있었습니다. 로키는 어느 날 변신한 뒤 프리가에게 살금살금 다가가 온 우주의 모든 것이 정말로 발데르를 해치지 않기로 맹세했는지 넌지시 물었습니다.

"오, 그럼요." 프리가가 대답했습니다. "사실이에요. 모든 것이 맹세했어요. 딱 한 가지만 빼고 말이지요." "한 가지요?" 로키가 무뚝뚝하게 물었습니다. "그게 뭐였지요?" "겨우살이. 정말 남에게 아무런 해도 끼치지 않을 거 같았거든요." 프리가는 로키를 보고 미소를 지으며 가던 길을 걸어갔습니다.

로키는 몰래 도망쳐 겨우살이로 창을 만들었습니다. 그리고 장님 신 호드에게 다가가서 말했습니다. "다들 저렇게 즐거운 시간을 보내는데 나 혼자만 거기에 못 낀다는 건 정말이지 견디기 힘든 일이야! 이 창을 발데르에게 던져 봐. 내가 널 근처로 안내할게!"

호드는 창을 던졌습니다. 온 우주가 공포에 질려 믿기 힘든 그 광경을 지켜보았습니다. 창은 발데르를 찔렀고 가장 아름다운 신은 무릎을 꿇고 목을 움켜쥔 채 숨을 거두었습니다. 신들이 죽은 발데르 주위로 몰려들자 로키는 입가에 비웃음을 흘리며 슬그머니 사라졌습니다. 그날부터 세상은 점점 더 어두워졌습니다.

PROMPTS

대화 가능성을 살펴볼까요?

예언자의 경고

오딘과 예언자 사이의 대화를 쓰고 오딘의 두려움과 예언자의 경고를 전합니다.

설득의 키워드

참나무, 게, 화산, 토끼, 대왕오징어, 파리지옥 중 3가지 물건을 고르세요. 프리가가 로키를 해치지 않도록 설득하는 장면을 상상해 보세요.

유혹의 비밀

로키의 말을 신중하게 선택하세요. 어떻게 장님 신이 자기 말대로 행동할 거라고 확신할 수 있었을까요? 2가지 방식 즉, 하나는 직접적으로, 다른 하나는 우회적으로 이야기해 보세요.

좌절

발데르가 죽은 후 오딘과 로키가 나누는 대화를 쓰세요.

나만의 신화 만들기!

만약 발데르가 다시 태어나 모든 이야기가 21세기로 옮겨진다면? 프리가는 어떻게 컴퓨터를 조종해 발데르를 지킬 수 있을까요?

말투(diction)
높임말에서부터 낮춤말에 이르는 말의 어조, 어투를 말합니다.
"안녕!"과 대조적인 것은
"좋은 아침입니다, 선생님"입니다.

아포스트로피(apostrophe)
그 자리에 없는 사람을 지칭합니다.

헥사포드(hexapod))
오딘의 말인 슬레이프니르는
다리가 6개입니다.

노화 방지 팁
노르드 신들은 불멸의 존재가 아닙니다.
그들은 마법의 사과를 먹음으로써
생명을 유지합니다.

플롯과 서스펜스

플롯이란 무엇일까요? 플롯을 만드는 것은 무언가를 계획하는 일과 비슷합니다. 계획은 플롯과 떼려야 뗄 수 없는 부분이지요. 플롯과 이야기는 같지 않습니다. 소설가 E. M. 포스터는 플롯과 이야기를 확실하게 구분했습니다. 가령 "왕이 죽고 왕비가 죽었다"라는 사실은 이야기입니다. 그러나 "왕이 죽고 나서 왕비는 비탄에 못 이겨 죽었다"라는 것은 플롯입니다. 둘의 차이점은 후자가 원인을 암시한다는 점에 있습니다. 전자는 왕의 죽음이 왕비와 전혀 관련이 없을 수도 있기 때문이지요.

일련의 사건인 플롯에는 필연성이 있어야 합니다. 바로 모든 것이 만족스럽게 해결되거나 그렇지 못하더라도 결말에 도달할 때까지 이야기가 계속 앞으로 나아가게끔 이끄는 견인차 구실을 하는 겁니다.

우리는 여러 가지 이유로 책을 읽습니다. 언어의 아름다움을 즐기거나 새로운 세계를 경험하기 위해서일 수도 있지만 등장인물 앞에 닥친 문제가 어떻게 해결될지 궁금해서 책에서 손을 떼지 못하기도 합니다. 아킬레우스의 분노는 식을까? 햄릿은 아버지의 복수를 할 수 있을까? 해리 포터는 볼

드모트를 죽일까? 엘리자베스 베넷은 다아시와 결혼할까? 이것이 결정적인 요소입니다. 바로 당신을 책 앞에 계속 붙들어두는 힘! 크고 작은 모든 문학은 이렇게 하나의 질문으로 해결됩니다.

플롯에는 심리적 기능도 있습니다. 플롯은 이 세상뿐만 아니라 자신의 마음에 대해서도 알려줍니다. 우리는 이야기에서 의미를 찾고 싶어 합니다. 우리가 세상에서 자신의 위치를 알고 그 안에서 어떻게 행동해야 하는지를 이해하는 데 도움이 됩니다.

상승효과가 있는 플롯 구성하기

얼마나 많은 플롯이 존재하며 또 얼마나 많은 종류의 플롯이 존재하는지를 다룬 이론은 많습니다. 스릴러 작가 존 가드너는 플롯은 한 사람이 여행을 떠나거나 낯선 사람이 마을에 오거나 딱 2가지밖에 없다고 말한 적이 있습니다. 첫 번째는 여행에서 영웅이 다른 성격으로 발전하고 두 번째는 새롭게 등장한 영웅으로 마을이 혼란스러워집니다. 또한 플롯을 '시지 내러티브(siege narrative 드라마처럼 액션이 인물을 향하는 포위/대응 서사)', '퀘스트 내러티브(quest narrative 영웅이나 모험담처럼 액션이 밖으로 향하는 탐구/탐색/행동 서사)'로 분류할 때도 잘 드러납니다. 플롯은 본질에서 외부의 압박에 대처하는 누군가에 관한 것이거나 영웅이 탐험을 떠나는 것이지요. 여러분이 자신만의 이야기를 시작할 때 스스로에게 물어보세요. 여러분의 주인공은 행동하고 있나요? 아니면 대응하고 있나요?

아마 가장 도움이 될 플롯 구조는 저널리스트인 크리스토퍼 부커가 분석한 7가지 기본 플롯일 것입니다.

7가지 플롯 구조

무일푼에서 부자로

신데렐라나 방앗간 아들이 왕자가 되는 일은 수많은 동화에서 찾을 수 있습니다. 때로는 감정적으로 너덜너덜해진 상태에서 풍요로운 감정으로 옮겨 가는 경우도 있습니다.

괴물 물리치기

고전적이고 전형적인 신화에서 이런 구조가 상당히 두드러집니다. 땅을 황폐하게 만드는 용이 있습니다. 영웅이 나타나 용을 물리칩니다! 다시 말하지만 그 괴물은 심리적일 수도 있고 어떤 종류의 적대자일 수도 있습니다.

퀘스트

북쪽 산의 가장 높은 곳에 있는 동굴에 마법 검이 있습니다! 마을을 구하려면 그것을 얻어야 합니다! 시작! 다시 말하지만 퀘스트는 아주 쉽게 현대적인 설정으로 옮길 수 있습니다. 잃어버린 친척을 찾거나 범죄를 해결하는 것일 수도 있지요.

항해와 귀환

플롯의 이동에 귀환 요소는 매우 중요한 구조입니다. 예를 들어 『오디세이』를 생각해 봅시다. 오디세우스는 집으로 돌아가야 합니다. 그의 귀환이 플롯의 결말입니다.

희극

단지 시트콤 〈프렌즈〉의 에피소드를 의미하는 게 아닙니다. 희극이란 무질서한 상황에서 시작하여 질서를 향해 나아가는 것을 의미합니다. 일반적으로 웃음이 가미되고 종종 동시대적인 상황이 배경으로 설정됩니다.

비극

희극의 반대입니다. 비극은 질서에서 시작하여 무질서를 향해 나아갑니다. 끔찍한 사건이 연속적으로 일어나고 수많은 죽음을 의미할 수도 있습니다.

환생

주인공은 부정적인 특성으로 이야기를 시작합니다. 플롯이 전개되는 과정에서 다시 태어납니다. 스크루지가 세 유령과의 모험을 통해 다시 태어나는 『크리스마스 캐럴』이 좋은 예입니다.

진짜 쉬워 보이지요? 플롯 포인트를 설정할 때 이 구조에 맞춰서 해보세요. 정확히 맞추지 못해도 걱정하지 마세요. 그것은 단지 여러모로 활용하기 위한 구조에 불과하니까 말입니다.

서스펜스와 스테이크스의 상관관계

플롯에서는 매 순간 다음을 향해 움직여야 합니다. 등장인물은 결정을 내려야 해요. 당신의 캐릭터가 특정한 결정을 내리지 못할 때 어떤 일이 벌어지게 될지 알아야 합니다. 또 다른 유용한 용어로는 '스테이크스(stakes 실패에 따르는 대가)'가 있습니다. 무엇이 걸린 문제인가요? 애나가 전화를 받지 않고 상사에게 다시 전화를 걸지 않는다면 그녀는 해고될까요? 애나가 전화를 받는다면 그녀는 항상 원했던 승진을 할 수 있을까요? 어느 쪽이든 그녀를 새로운 상황으로 밀어 넣을 것입니다. 페미가 학교 무도회에 가지 않으면 가장 친한 친구를 잃게 될까요? 아니면 가서 인생 최고의 밤을 보낼까요?

소설의 많은 재미는 서스펜스를 만드는 데 도움이 되는 '스테이크스'를 높이는 데서 나옵니다. 서스펜스는 당신이 계속해서 손톱을 물어뜯도록 만들기 위해 꼭 물건을 부숴야 한다는 뜻이 아닙니다. 서스펜스는 더 부드럽게 진행될 수도 있습니다. 시계가 부드럽게 똑딱거리는 것을 상상하는 것이 도움이 됩니다.

서스펜스를 만드는 한 가지 방법은 주인공을 방해하는 장애물입니다. 이를 위해 연습 삼아 할 만한 재미난 방법이 많이 있습니다. 주인공 장 피에르가 그날 마감인 미술 숙제를 제출하기 위해 제시간에 학교에 도착해야 하는 상황을 가정합니다. 만약 차가 고장이 난다면? 그는 버스를 탑니다. 버스가 방향을 바꿉니다. 그래서 그는 차에서 뛰쳐나옵니다. 비가 내리기 시작하더니 그를 흠뻑 적십니다. 장 피에르는 넘어지고 신발을 잃어버리고…. 비에 흠뻑 젖어 도착한 학교 문은 굳게 닫혀 있어 더 이상 들어갈 수 없습니다. 장 피에르는 다른 모든 사람이 포트폴리오를 제출하기 위해 줄 서 있는 모습을 그저 창밖에서 지켜보기만 합니다.

그 결과 장 피에르는 미술 선생님과 보충수업을 받게 되는데 이 수업에는 새로 온 아름다운 신입생이 있었으니… 곧 장 피에르는 그녀와 사랑에 빠지고 새 연인의 도움으로 이전보다 더 나은 작품을 만듭니다. 그 결과… 기타 등등.

이것은 모든 종류의 플롯 구조에 적용됩니다. 만약 당신 캠프에 여분

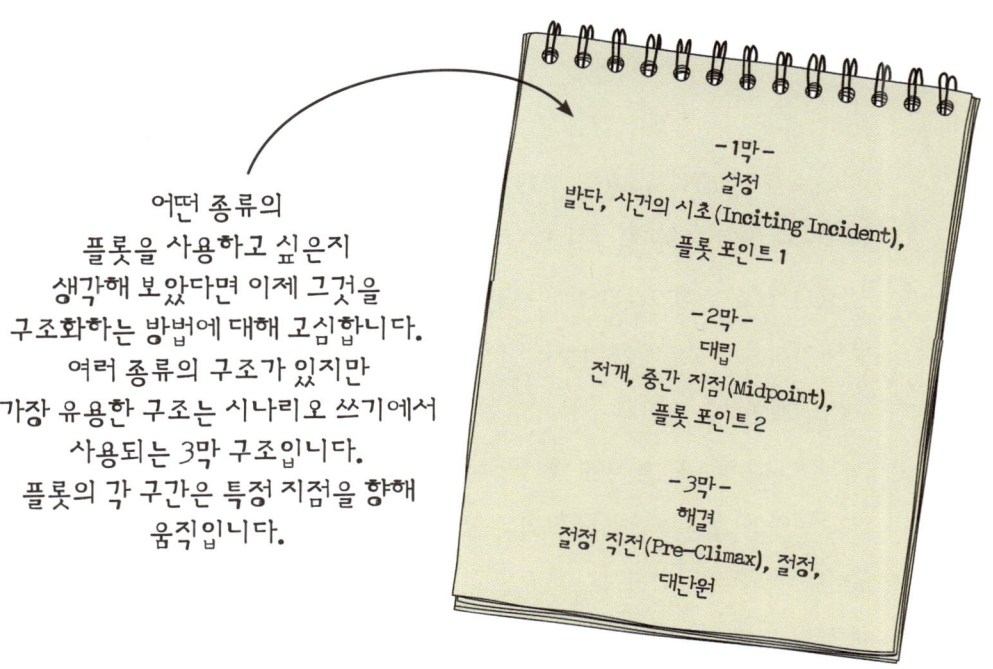

어떤 종류의 플롯을 사용하고 싶은지 생각해 보았다면 이제 그것을 구조화하는 방법에 대해 고심합니다. 여러 종류의 구조가 있지만 가장 유용한 구조는 시나리오 쓰기에서 사용되는 3막 구조입니다. 플롯의 각 구간은 특정 지점을 향해 움직입니다.

-1막-
설정
발단, 사건의 시초(Inciting Incident),
플롯 포인트 1

-2막-
대립
전개, 중간 지점(Midpoint),
플롯 포인트 2

-3막-
해결
절정 직전(Pre-Climax), 절정,
대단원

의 산소가 다 떨어져 A432 크레이터에 있는 247번 기지에서 보급품을 구하는 임무를 수행 중인데, 당신이 탄 사륜차가 동력을 잃으면 어떻게 될까요? 추적기가 고장 나면 어쩌지요? 만약에, 만약에, 만약에… 항상 자신에게 결정적인 질문을 던집니다.

　항상 개연성을 시험해야 한다는 것 역시도 염두에 두어야 합니다. 어느 날 아침, 잠에서 깨어난 당신의 여주인공이 어머니가 사라진 것을 알게 된다면 그녀는 반드시 자리에 앉아서 콘플레이크를 먹을 필요가 없다는 말입니다. 심리적으로나 논리적으로 무엇이 그럴듯한지 생각해 보세요. 반응과 결과는 당신이 써 내려가는 서사의 틀 안에서 잘 맞아야 합니다. 즉, 규칙과 한계를 세워야 한다는 뜻입니다. 마법의 세계에 대해 글을 쓴다면 반드시 규칙을 알아야 합니다. 당신의 주인공이 단순히 소원을 빌거나 지팡이를 흔들어 모든 것을 해결할 수 있다면, 이야기의 긴장감은 전부 다 사라질 테니까요. J. K. 롤링은 마법사가 배우는 주문에 한계를 설정하고 잘못 적용될 수 있도록 함으로써 이 문제를 매우 잘 해결합니다.

서스펜스에 좋은 또 다른 기술은 극적인 아이러니입니다. 캐릭터가 모르는 사실을 독자가 알고 있다면 정말 효과적일 수 있습니다. 또 다른 시도는 시간의 순서를 뒤섞는 것입니다. 우리는 시간 순서대로 생각하고 이야기를 시간 순서대로 전개하는 경향이 있습니다. 하지만 어떻게 하면 플래시백과 플래시포워드를 효과적으로 사용하여 긴장감을 조성할 수 있을지 생각해 보세요. 플래시포워드는 시나리오의 최종 결말부터 시작하여 독자에게 어떻게 그런 결말에 도달했는지 알아내도록 촉구하는 것입니다. 플래시백은 이야기가 벌어지는 현시점에 무슨 일이 일어나고 있는지 전후 사정을 설명하거나 대조적으로 보여주는 데 도움이 될 수 있습니다.

쿠훌린의 죽음

쿠훌린에 관한 아일랜드 전설은 아킬레우스와 아서왕 이야기와 함께 전해 내려왔습니다. 쿠훌린의 죽음을 둘러싼 이야기는 완벽하게 짜여 있습니다. 모든 요소가 아름답게 자리 잡고 있으며 까마귀와 검과 같은 사소한 세부 사항도 중요한 역할을 합니다. 쿠훌린은 사냥개의 고기를 먹을 수 없다는 주문에 걸립니다. 이 사실 역시 중요합니다. 어떻게 이렇게 사소한 것 하나 낭비할 것이 없는지 잘 탐구합니다. 루가드 조차도 쿠훌린을 죽인 이유가 있습니다. 바로 복수지요. 전설을 구석구석 따라가다 보면 많은 길로 안내받을 수 있습니다.

줄거리 요약

쿠훌린은 얼스터의 챔피언이었고 그는 자신에게 도전하는 모든 사람을 죽였습니다. 어느 날 쿠훌린은 마법사 쿨라탄을 죽였는데 쿨라탄의 임신한 아내는 세쌍둥이를 연이어 낳았습니다. 그들은 불타는 복수심을 가지고 자랐습니다.

얼스터의 왕이 쿠훌린을 죽이려는 그들의 계획에 대해 듣고는 가능한 오랫동안 최고의 전사를 보호하려고 노력했습니다. 쿨라탄의 자식들은 얼스터에 와서 마법 전투를 일으키고 쿠홀린이 싸움에 뛰어들도록 유도했습니다.

왕은 큰 잔치를 열어 환호 소리로 전투 소리를 덮었습니다. 축제는 왕이 더는 잔치를 계속할 수 없어 쿠홀린을 외부의 소리가 침입할 수 없는 귀머거리 계곡에 보낼 때까지 3일 밤낮 동안 계속되었습니다.

쿨라탄의 자식들은 이의를 제기하지 않았습니다. 쿨라탄의 딸이 쿠홀린의 친구인 니아흐로 변장하고 쿠홀린의 진영에 들어가 그에게 싸울 필요가 있다고 말했기 때문이지요. 쿠홀린은 무려 세 번의 시도 끝에 말에 오를 수 있었습니다. 말이 고삐를 거부했기 때문입니다. 쿠홀린이 등에 올라타자 말은 피눈물을 흘렸습니다. 아킬레우스의 마법 말을 기억하나요? 똑같은 종류입니다.

도중에는 더 많은 징조가 나타났습니다. 쿠홀린은 사냥개 고기를 마음껏 즐기고 있는 3명의 노파를 우연히 만났습니다. 그들은 쿠홀린에게 함께 먹자고 청하지만 그는 거절합니다. 그러나 그들의 거듭된 요청에 쿠홀린이 한 조각 입에 댄 순간 몸의 절반이 마비되었습니다. 실제로 3명의 노파는 변장한 전쟁의 여신 모리건이었습니다. 여신은 쿠홀린에게 복수하기를 원했습니다.

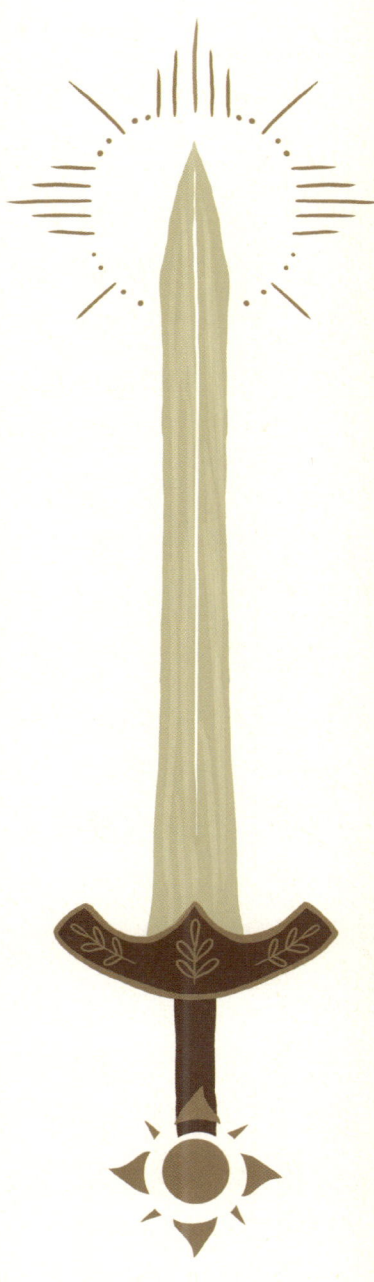

나중에 쿠홀린은 쿨라탄의 세 아들과 쿠 리의 아들 루가드를 만납니다. 예언에 따르면 쿠홀린이 던진 3개의 창은 3명의 왕을 죽일 것입니다.

첫째 아들은 쿠홀린이 순응하지 않으면 그를 모함할 것이라고 말하며 그에게 창을 달라고 요구했습니다. 쿠홀린은 창을 던졌고 첫째 아들의 머리에 꽂혔습니다. 루가드가 창을 주워 다시 던졌고 이륜마차를 모는 사람들의 왕인 쿠홀린의 마부를 죽였습니다.

둘째 아들도 똑같았습니다. 얼스터 전체를 비방하겠다고 협박했지요. 쿠홀린은 거절하고 그를 창으로 죽였습니다. 루가드가 창을 다시 집어 던졌고 이번에는 말 중의 왕을 죽였습니다.

셋째 아들 역시 창을 요구하면서 쿠홀린을 위협했습니다. 쿠홀린은 똑같은 방법으로 그를 신속히 해치웠습니다. 이번에는 루가드가 창을 집어서 쿠홀린을 향해 던졌고 창이 그의 배를 뚫어 치명상을 입혔습니다. 영웅은 선돌까지 기어가 상처를 싸매고 창을 움켜쥐었습니다. 까마귀가 그의 창자에 걸려 넘어졌고 쿠홀린은 웃으면서 죽음을 맞이했습니다. 결국 그가 세 번째이자 마지막 왕이었던 것입니다. 쿠홀린은 3일 동안 그 자리에 있었습니다. 신중한 모리건이 까마귀로 변신해 쿠홀린의 어깨에 앉아 그에게 미동이 있는지 지켜보았지만 쿠홀린은 끝내 움직이지 않았습니다.

루가드는 쿠홀린의 검을 빼내려고 하지만 실패합니다. 결국 검을 움켜쥔 쿠홀린의 손에서 힘줄을 끊고 나서야 검은 쿠홀린의 손에서 미끄러집니다. 쿠홀린의 검은 떨어지면서 루가드의 손을 자릅니다. 그 후 루가드는 한 손을 허리띠에 집어넣고 코날 체르나흐와 싸웠습니다. 그러나 코날이 승리하여 루가드의 머리를 선돌 위에 얹었고 선돌은 녹아내립니다.

PROMPTS

몇 가지 플롯을 연습해 봅시다

거두절미하고

쿠훌린이 쿨라탄의 세 아들을 만나는 장면으로 시작합니다. 이야기의 움직임에 어떤 영향을 미칩니까?

플롯 포인트

이야기를 일련의 플롯 포인트로 작성하십시오. 하나를 바꾼 후 어떤 일이 일어나는지 살펴보십시오.

행위

등장인물로 얼스터의 왕, 노파 또는 루가드를 선택하십시오. 그런 다음 '껄껄 웃기', '수영하기', '춤추기'의 3가지 동작 중 하나를 선택합니다. 무작위로 각각 하나를 선택한 다음 해당 동작 중 하나로 절정을 다시 작성하세요.

퀘스트

보석, 염소, 마법사, 시내, 포도주와 같은 단어를 바탕으로 쿠훌린을 둘러싼 자신만의 퀘스트를 써 보세요.

마음속 모든 것

쿠훌린의 이야기에서 한 사건을 선택하십시오. 캐릭터를 오늘날 살아있는 것으로 만들어 각색해 보세요. 그리고 심리적인 문제로 바꿔보세요.

숨기기

쿠훌린의 말이 음모를 꾸미기 위해 기다린다는 아이디어를 사용하십시오. 쿠훌린의 가방에는 숨기고 싶은 물건이 있었으니….

여주인공

쿠훌린이 마법 창을 여관에 두고 나갑니다. 어린 소녀가 그것을 집어 들고… 앞선 전제에 따라 줄거리를 전개합니다.

절망

쿠훌린이 원하는 것이 무엇일까 생각해 보세요. 그다음 쿠훌린에게서 그것을 빼앗습니다.

액자 구조(frame narrative)
한 이야기가 다른 이야기를
구성하고 있습니다.

**두 눈이 번쩍 뜨일
놀라운 사실**

쿠훌린은
양손과 양발에 모두
7개의 손가락과 발가락이 있었으며
양쪽 눈에는
7개의 동공이 있었습니다.

진정한 사랑

쿠훌린은 전사의 여신 스카타에게 훈련을 받아 세계 최강의 여성 아테에 맞서 싸웠습니다. 그는 그녀와 결혼했습니다.

3개의 사과

3개의 사과는 복잡하게 짜인 서사 구조이고 우여곡절로 가득 차 있습니다. 현명하고 아름다운 셰에라자드가 술탄에게서 살아남기 위해 들려주는 이야기 시리즈 『천일야화』에서 유래했습니다. 술탄은 밤을 보낸 여자를 죽입니다. 살아남기 위해서는 흥미로운 이야기로 그의 호기심을 불러일으켜야 합니다. 글에 어떤 놀라움을 녹여서 독자가 깔고 앉은 양탄자를 확 끌어당길지 생각해 봅니다.

줄거리 요약

한 어부가 티그리스강에서 자물쇠로 잠긴 나무 궤짝을 발견하고 칼리프에게 팔았습니다. 그 안에는 젊은 여성의 유해가 있었습니다. 칼리프는 그의 고관에게 3일 이내에 범죄를 해결할 것을 명했습니다. 그렇지 않으면 고관은 처형을 당해야 했습니다. 하지만 고관은 범인을 찾는 데 실패했고 처형될 위기에 처했습니다. 그때 두 남자가 나타났습니다. 두 사람은 모두 자신이 살인자라고 주장했습니다. 한 명은 젊고 잘생겼으며 다른 한 명은 노인이었습니다. 서로 상대방이 거짓말하고 있다고 우겼습니다. 결국 젊은 남자가 나무 궤짝의 모양을 상세히 묘사함으로써 자신이 살인자임을 증명했습니다. 그는 여자의 남편이었고 노인은 사위를 구하려는 그녀의 아버지였습니다.

젊은 남자는 그녀가 훌륭한 아내이자 어머니였다고 말했습니다. 어느 날 몸이 아팠던 그녀는 희귀한 사과를 구해 달라고 부탁했습니다. 그는 바스라로 길을 떠났고 사과 3개를 발견했습니다. 그가 돌아왔을 때 그의 아내는 사과를 거부했습니다. 나중에 그는 사과 하나를 들고 있는 노예를 발견합니다. 노예는 자신의 여자친구가 사과를 주었는데 그녀의 남편이 준 사과였다고 말했습니다. 정말 충격적이었습니다. 그는 곧장 집으로 달려갔고 사과 하나가 없어진 걸 알았습니다. 그래서 그는 아내를 죽이고 나무 궤짝에 담아 강에 던졌습니다.

남자가 다시 집에 돌아왔을 때 그의 아들이 말하길, 자신이 사과 하나를 몰래 훔쳤는데 노예가 그것을 들고 달아났다고 합니다. 정신이 혼미해진 젊은이는 자신에게 사형을 내려달라고 요구했습니다. 칼리프는 이를 거부하고 고관에게 다시 임무를 부여했습니다. 이제 고관은 3일 이내에 노예를 찾지 못하면 처형될 것입니다.

결국 노예를 찾을 수 없었으므로 고관은 사형 집행을 위해 소환되었습니다. 그는 가족에게 작별 인사를 고하고 딸을 껴안았습니다. 그런데 그녀의 주머니에는 사과가 들어 있었고 칼리프의 이름이 적혀 있었습니다. 그녀는 아버지에게 사과를 자신들의 노예에게서 샀다고 말합니다. 마지막 반전은 범인이 고관의 노예라는 것입니다. 고관은 칼리프에게 노예를 용서해 달라고 간청했고 이에 대한 보상으로 이야기를 해주었습니다. 칼리프는 그 이야기를 즐겁게 듣고 나서 노예를 사면했고 젊은이에게는 새로운 아내를 얻어주었습니다. 살해당한 여자만 빼면 모두가 행복한 결말이었습니다.

PROMPTS

몇 가지 플롯을
살펴보겠습니다

템플릿 만들기

프레임 장치를 포함하여 3개의 사과 이야기에 대한 플롯 포인트를 기록합니다. 이제 이 형태를 기반으로 자신만의 이야기를 작성하십시오.

3막 구조

이야기를 3막에 맞출 수 있습니까? 이야기를 구조에 맞추려면 무엇을 바꿔야 할까요?

플래시백/플래시포워드

플래시백 또는 플래시포워드를 사용해 이야기를 써 보세요.

놀라운 반전

아내가 내내 살아 있었던 것으로 다른 결말을 구상합니다.

나만의 신화 만들기!

아내에게 이름을 지어주고 남편을 죽이게 하세요. 그러면 줄거리를 어떻게 바꿀 수 있을까요?

절정(climax)
이야기가 극에 달한 시점입니다.

대단원(denouement)
모든 것이 밝혀지는 순간입니다.

추가 사항
알라딘의 이야기는
아랍어 원본에는 없었습니다.
그것은 나중에 추가되었습니다.

오이디푸스

그리스신화를 통틀어 가장 유명한 서사 중 하나인 이 신화는 드라마 역사상 가장 훌륭한 장치를 이용하여 극적인 절정을 탄생시켰습니다. 오이디푸스는 전염병이 도시를 공격하고 있을 때 아버지를 죽인 사람을 찾으려고 노력했습니다. 제사장은 그에게 전염병을 다른 곳으로 돌려서 살인자의 도시를 정화해야 한다고 경고했습니다. 플롯 그 자체로 오이디푸스는 최고의 신화입니다. 극적인 아이러니를 처절한 방식으로 능수능란하게 사용해서 불가피하고도 충격적인 결말을 향해 조금씩 나아갑니다.

줄거리 요약

거의, 항상 그렇듯이 예언이 있었습니다. 코린토스에서 부모라고 여긴 사람들 손에 자란 오이디푸스는 델포이 신탁에서 자신이 아버지를 죽이고 어머니와 결혼할 운명이라는 것을 알게 됩니다. 그래서 그는 집을 떠납니다. 도중에 그는 다른 여행자와 말다툼에 휘말린 끝에 그를 죽이고 맙니다. 그렇게 오이디푸스는 테베라는 도시에 도착하여 온 나라를 공포에 떨게 하는 괴물 스핑크스와 마주칩니다. 그가 그녀의 수수께끼를 알아맞히지 못하면 그녀는 그를 잡아먹을 것입니다. 수수께끼에 성공적으로 대답한 오이디푸스는 테베에 입성했고 그 도시의 왕 라이오스가 살해된 사실을 알게 되었습니다. 그는 왕비와 결혼하여 도시를 잘 다스렸습니다.

여러 해가 지나 파괴적인 전염병이 돌았고 신탁을 받아야만 했습니다. 오이디푸스는 누가 라이오스를 죽였는지 알아내야만 합니다. 그래야만 도시가 정화될 것입니다. 오이디푸스는 그날 있었던 일을 차근차근 조사했고 서서히, 엄청나게 충격적인 진실이 드러났습니다. 라이오스를 죽인 사람이 바로 오이디푸스 자신이었던 것입니다. 오이디푸스는 친아버지를 살해했을 뿐만 아니라 어머니와 결혼해서 아이도 낳았습니다. 오이디푸스는 스스로 눈을 멀게 해 장님이 되었고 집 없이 떠돌아다녔습니다.

PROMPTS

플롯의 무한한 가능성을 탐색해 볼까요?

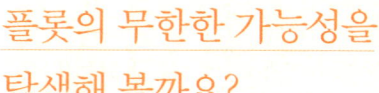

만약에

오이디푸스의 줄거리는 냉혹합니다. 피할 수 없는 예언에 갇힌 액자 구조입니다. 극복해야 할 스핑크스, 종식해야 할 전염병, 게다가 오이디푸스가 부르는 모든 새로운 증인은 오직 한 방향으로만 움직이는 줄거리로 흘러갑니다. 그 플롯에 손을 대는 것은 거의 신성모독인 것 같습니다. 그럼에도 불구하고 오이디푸스가 여전히 받아들이기를 거부한다면? 만약 그가 다른 사람을 비난하고 계속 통치한다면? 전염병으로 황폐해진 도시, 스스로를 기만한 왕이 폐허 속에 앉아 있는 장면을 쓰십시오.

일기 쓰기

스핑크스, 왕비 또는 예언자의 관점에서 일기를 적어보세요.

성별 바꾸기

오이디푸스콤플렉스는 종종 엘렉트라콤플렉스와 나란히 생각됩니다.

한 소녀가 실수로 어머니를 죽이고 아버지와 결혼하도록 성별을 바꿀 수 있나요?

머뭇거리는 영웅

오이디푸스가 코린토스에 머물렀는데 예언이 성취되었습니다. 그렇다면 어떤 상황 때문에 오이디푸스는 자신의 진짜 어머니와 아버지에게 갈까요?

수수께끼 알아맞히기

등장인물을 함정에 빠트릴 수수께끼를 내보세요. 오이디푸스에게 주어진 수수께끼는 다음과 같습니다. 아침에는 네발로 걷고 점심에는 두 발로 걷지만 저녁에는 세 발로 걷는 것은 무엇입니까?

전개/상승(rising action)
주요 사건이 일어나기 전에 발생하는 일을 말합니다.

하강(falling action)
절정 직후, 대단원 직전을 의미합니다.

전설(leg-endary)
오이디푸스는
'퉁퉁 부은 발'이라는 뜻입니다.

정신분석 전문의
정신분석 전문의 지크문트 프로이트는 그의 아동 발달 이론 중 하나에 오이디푸스라는 이름을 사용했습니다.

변형, 변화

　변형(metamorphosis) 또는 변화(transformation)는 모든 서사의 필수입니다. 사실 그것이 모든 것을 일관성 있게 만들어 주는 요소라고 주장할 수도 있습니다.

　장면이 바뀔 때 하나의 장소를 다른 장소와 대비시켜 보여줄 수 있습니다. 플롯은 상황을 계속 변화시키며 전개하고 긴장과 흥분을 유발합니다. 플롯이 전개됨에 따라 등장인물은 변화하고 강해지거나 약해지거나 혹은 탁구를 잘하거나 육아를 더 잘하게 됩니다.

　이야기를 읽는 동안 독자도 성장하고 변화합니다. 바로 『해리 포터』 시리즈가 성공한 이유이지요. 아이들이 영원한 유년기에 갇힌 에니드 블라이턴의 『소문난 악동 5총사(The Famous Five)』 시리즈와 달리, 해리 포터는 독자처럼 성장하고 학교에서 다른 학생을 뛰어넘기 위해 고군분투합니다.

　살아가면서 우리는 성장하고 더불어 인식도 변합니다. 새로운 눈으로 세상을 바라보는 최고의 이야기로 끝맺음을 맺습니다. 그것이 글쓰기의 마법이자 힘입니다. 그래서 우리 모두 글을 쓰는 것이지요. 할 수 있는 한 최선을 다하길 바랍니다.

모든 소설은 이러한 변화 과정을 보여줍니다. 예를 들어 성장소설이라고 불리는 소설에는 청소년이 어른으로 성장하는 과정을 다룬 이야기가 있습니다. 종종 등장인물이 어쩔 수 없이 변해야만 하는 상황에서 얻는 깨달음에 바탕을 둡니다.

변형에는 몇 가지 다른 유형이 있습니다. 문자 그대로 변형은 줄거리에 경이로움과 기쁨을 가져다줍니다. 오래전부터 소설의 한 특징인 동물로 변하는 사람들의 이야기는 대다수의 독자가 좋아합니다. 오디세우스의 부하가 돼지로 변하는 모습을 떠올려보세요. 사람들에게 다른 외피를 입히는 것은 그들의 캐릭터를 탐구하는 멋진 방법입니다.

C. S. 루이스는 『나니아 연대기 : 새벽 출정호의 항해』에서 탐욕스럽고 불쾌한 유스터스 스터브즈를 용으로 변신하게 합니다. 이로써 유스터스는 소외감을 느끼고 자신의 방식을 바꾸는 법을 배웁니다. 루이스 캐럴의 『이상한 나라의 앨리스』에서 앨리스는 커졌다가 작아지면서 어른이 되었던 경험을 하기도 합니다.

변형은 어린이문학에만 나오는 것이 아닙니다. 프란츠 카프카의 단편 『변신』은 모든 소설에서 가장 좋은 첫 구절을 가지고 있습니다. "어느 날 아침 그레고르 잠자가 불안한 꿈에서 깨어났을 때 그는 침대 속에서 한 마리의 흉측한 곤충으로 변해 있는 자신의 모습을 보았다." 이것은 작가가 가족과의 고립이라는 매우 어려운 주제를 탐구하도록 해 줍니다. 키츠의 시 〈라미아〉에서 남자는 여자와 결혼하지만 여자는 뱀이었던 것으로 밝혀집니다. 『미녀와 야수』, 『오디세이』에 나오는 뱃사람들… 어디를 봐도 짐승으로 변하는 사람들이 등장하고 때로는 다시 원래 모습으로 돌아오기도 합니다. 이 모든 것의 공통점은 경이로움입니다.

가장 매력적으로 긴 서사 구조를 가진 시 가운데 하나가 오비디우스의 시 『변신 이야기』입니다. 오비디우스는 아우구스투스 황제 시대(1세기)의 로마 시인으로 당시 그의 시는 놀랍도록 새롭고 대담했습니다. 오비디우스의 시는 이전의 서사시와 달리 하나의 주제나 영웅만을 다루지 않고 모든 것이 서로 연결되고 결합하여 서로를 반영하는 눈부신 이야기를 선보였습니다.

많은 이야기에서 사람들이 동물이나 새로 변하는 것을 보여줍니다. 늑대가 되어 죄를 지은 리카온이나 거미가 된 아라크네 혹은 월계수가 된 다프네에 대해 들어본 적이 있을 것입니다. 개울, 수사슴, 꽃, 신, 님프, 새, 돌, 거미, 별자리, 도마뱀, 뱀, 곰, 물개, 소, 백조, 나무, 심지어 개와 족제비가 되기도 하지요. 각각의 변신 이야기에는 저마다의 공감 요소와 중요성이 있으며 변화를 수용하는 성숙함을 보여줍니다.

열린 우주

온 우주가 탐험을 위해 열려 있으며 문자 그대로 변형 가능성은 무궁무진합니다. 당신의 캐릭터는 로봇, 외계인, 개미, 종이 클립으로 바뀔 수 있습니다… 종이 클립이 아닐 수도 있고요. 무슨 말인지 알 겁니다.

변신도 서사 차원에서 이루어집니다. 학교 이야기를 해보지요. 학교를 화성으로 가는 로켓에 태워 보세요. 조랑말 이야기는 어떤가요? 조랑말에게 날개를 달아주고 말을 시키세요. 전에도 그런 적이 있었나요? 그런 다음 한 명은 갱스터, 한 명은 카우보이로 만들어보세요.

그리스신화에서는
신이나 여신에 의해
나무로 변하는 것이
일반적입니다.

안정된 서사 구조를 여러모로 활용할 만한 것이라면 무엇이든 좋습니다.

마법 이야기는 정상적인 것을 이상하게 만듭니다. 『해리 포터』시리즈에서 호그와트 급행열차를 생각해 보십시오. 문맥 속에서 튀어나온 증기기관차는 놀라운 교통수단이 됩니다. 주변의 평범한 것으로 어떻게 이와 같은 경이로움을 달성할 수 있을지 생각해 보세요. 당신의 펜, 그걸로 미래를 쓸 수 있을까요? 반지, 돌리면 동물과 대화할 수 있나요?

그것이 바로 최고의 서사입니다. 평범한 것이 비범한 것으로, 일상적인 것이 경이롭게 변하는 것이지요. 최고의 작가는 구름이나 돌조차 새롭게 보이도록 만들 수 있습니다. 그들은 당신이 세상을 생각하고 인식하는 방식을 바꿀 수 있습니다.

왜, 왜, 왜?

인간의 변신에서 가장 먼저 생각해야 할 것은 다음과 같습니다. 왜일까? 캐릭터가 늑대로 변하는 이유는 무엇입니까? 혹은 로봇으로? 아니면 왜 배로 변신한 걸까요? 바위로 왜 변하지요? 변신이 왜 캐릭터의 일부 측면을 감정적으로 반영합니까? 주제와 서사적 논리에 부합하나요? 유스터스가 용으로 변하는 것은 의미가 있습니다. 왜냐하면 그곳은 용이 존재하는 세계관이기 때문이지요. 앨리스가 용으로 변하는 것은 앨리스의 서사가 그것을 허용하지 않기 때문에 그다지 의미가 없습니다. 무의미한 말은 이야기 속 시에서나 존재하지 이야기 자체를 침해하지 않습니다.

다음으로 주인공이 변신 과정에서 무엇을 배울 수 있을지 고려하십시오. 처벌인가요, 보상인가요? E. 네스빗의 『모래요정과 다섯 아이들(Five

Children and It)』에서 날개는 아이들이 날고 싶은 소원을 빌 때 자랍니다. 아이들은 곧 그것이 마냥 좋지만은 않다는 것을 깨닫지요.

물체에 마법의 힘을 부여할 때는 그 결과를 주의 깊게 고려하세요. 크리스 프리스틀리의 훌륭한 단편 시리즈『몬터규 아저씨의 무서운 이야기』는 마법 물건들로 가득합니다. 그 이야기에서 거울은 자아가 얼마나 기만적일 수 있는지를 보여줍니다.『반지의 제왕』에 나오는 반지의 힘은 상징이 되기도 합니다. 다른 모든 반지를 하나로 묶는 것이기도 하며 휴대가 간편합니다. 마법 검이나 방패였다면 이야기가 어떻게 달라졌을지도 생각해 보세요.

지금까지 우리가 이야기한 모든 것과 마찬가지로 사물의 결과나 공감에 대한 감각을 잃지 않는 것이 가장 중요합니다.

이번 장의 이야기는 변형에 전적으로 영향을 받았습니다. 셀키*의 아름다운 이야기는 스코틀랜드 전역에서 전해져 내려옵니다. 셀키 이야기로 분위기, 대화, 배경, 문자 그대로의, 감정적인 변형을 연습해 봅니다.

---

* 셀키(selkies) 물개 가죽을 걸친 요정으로 가죽 옷을 벗으면 인간의 모습이 된다.

셀키 아내

가슴 뭉클한 셀키의 이야기는 그리움과 사랑으로 가득 차 있습니다. 여기서 변형은 아마도 사람들이 결혼을 위해 스스로를 변화시켜야 하는 방식을 말하는 듯합니다. 이는 남성과 여성의 관계를 둘러싼 이야기이기도 합니다. 셀키 이야기에서 아이는 특히 감동적입니다. 막내는 어머니가 본래 모습으로 돌아가야 한다고 결정합니다. 셀키 이야기를 변형에 관한 아이디어로 활용하여 정서적 또는 분위기의 변화를 꾀할 수 있는지 확인해 보세요.

줄거리 요약

어느 날 바다에서 고기잡이가 영 신통치 않았던 한 어부의 눈에 해변에서 놀고 있는 셀키가 보였습니다. 그들이 전혀 눈치채지 못한 틈을 타 어부는 그들의 경이로운 모습을 지켜보았지요. 바위 위에는 물개 가죽이 하나 놓여 있었습니다. 어부는 그것을 몰래 집어 들었습니다. 가죽을 사람들에게 보여주지 않으면 자신을 믿지 않으리라 생각했기 때문이지요. 어부가 막 걸음을 재촉하려는데 어디서 울부짖는 소리가 들렸습니다. 한 아름다운 여인이 그에게 달려왔습니다. "제 가죽을 돌려주세요." 여인이 말했습니다. "가죽 없이는 내 백성들에게 돌아갈 수 없어요." 그러나 첫눈에 사랑에 빠진 어부는 이렇게 말했습니다. "나와 함께 가서 내 아내가 되어주오." 커다란 슬픔에 잠긴 채 셀키 여인은 어부를 따라 그의 오두막으로 갔습니다. 어부는 그녀를 보살폈고 신선한 생선을 가져다주었습니다. 그는 셀키의 가죽을 굴뚝에 숨기고 두 번 다시는 가죽을 찾지 않길 바랐습니다. 셀키 여인은 바다를 응시하며 파도를 이야기하는 슬픈 노래를 부르곤 했답니다. 하지만 시간이 지나면서 그녀는 온순한 어부를 사랑하게 되었습니다. 두 사람은 7명의 자녀를 두었습니다. 그러나 셀키 여인은 종종 해안가로 나가 하염없이 바다를 바라보곤 했지요.

어느 날 어부는 세 아이와 함께 배를 타고 바다로 나갔습니다. 다른 세 아이는 빵을 사러 마을에 갔지요. 집에는 셀키 여인과 일곱 번째 아이, 단둘만 남았습니다. 여인은 언제나처럼 창밖으로 해안가를 바라보고 있었어요. "왜 그렇게 슬퍼 보여요, 어머니?" 막내가 물었습니다.

셀키 여인은 대답하지 않았으나 아이는 물개를 보았습니다. 막내는 셀키의 전설을 알고 있었어요. 아이는 굴뚝으로 달려가 물개 가죽을 꺼냈습니다. "아버지가 이걸 보고 있는 모습을 본 적이 있어요. 그런데 이제 이게 중요하다는 걸 알았어요." 아이가 말했습니다. 셀키 여인은 가죽을 들고 즐겁게 해안가로 뛰어갔습니다.

어부는 돌아와 한 암컷 물개가 한동안 자신을 물끄러미 바라보다가 사라지는 모습을 보았습니다. 어부는 다시는 셀키 여인을 보지 못했습니다. 몹시 슬펐지만 막내가 옳은 일을 했다고 믿었습니다. 그의 아내가 셀키들과 함께 파도 속에 있을 때 훨씬 더 행복할 것이라는 것을 알고 있었기 때문입니다.

PROMPTS

당신만의
변신 마법을 써 보세요

변신의 과정
물개에서 여자로의 변신을 감각에 전적으로 집중하여 설명하세요.

그리고 다시
이제 관찰하는 어부의 관점에서 변신을 쓰세요.

그리고 다시
이제 여자에서 물개로의 변신을 다시 쓰세요. 상황이 아까와는 어떻게 다른가요?

물개가 아니었다면?
곰, 백조, 사슴, 개, 붉은 판다, 이구아나, 에뮤, 오리너구리, 거미 등의 동물 중 하나를 선택하세요. 배경도 바꿔보세요.

나만의 신화 만들기!

다른 결말을 시도하세요. 아버지와 아이들이 셀키가 되기로 결심했다면 어떤 일이 일어났을까요?

에피파니(epiphany)
인물이 중요한 것을 깨닫게 하는 이벤트를 말합니다.

성장소설(bildungsroman)
어린이나 청소년이
어른으로 성장하는 이야기를 담은
소설입니다.

집단의 공동 기억(folk memories)
어떤 이들은 셀키가
물개 가죽을 입는 사람들의
옛 문화라고 생각합니다.

그들은 어디에나 있습니다
오크니 제도의 거의 모든 섬에는 그들만의 셀키 이야기가 있습니다.

결말, 마무리

    무엇이 좋은 결말을 만드는지 알고 있습니다. 또한 불만족스러운 결말은 방 건너편으로 책을 던져버리게 하거나 화면에 대고 소리를 지르게 하거나 오디오북을 켜고 버스에서 집으로 걸어가는 내내 머리를 절레절레 흔들게 한다는 것을 이미 알고 있습니다.

    결말은 사람들을 하나로 묶어줍니다. 즉, 만족스러운 결말을 정하는 것은 매우 중요한 일입니다.

    글을 쓰는 내내 당신은 캐릭터가 어디로 가야 하는지 왜 거기에 가야 하는지 그곳에서 무엇을 할지에 대해 결정을 내렸습니다. 이제 그 결정의 최종 결과를 봐야 합니다. 올라갔던 풍선이 내려오고 있습니다.

    당신은 당신의 플롯이 어떻게 움직여야 하는지 보았습니다. 특출 난 자질과 기발함, 결점을 지닌 주인공이 앞으로 어떻게 나아갈지도 보았습니다.

    시험을 통과했습니다. 악당들이 패배했지요. 캐릭터의 목표는 달성되었습니다. 반지가 발견되고 파괴되었습니다. 괴물이 죽임을 당했습니다. 결혼식이 다가옵니다. 당신의 캐릭터는 위기에 직면했지만 이겨냈습니다. 이제 지식이나 기술을 습득해서 세상을 치유하거나 구원하여 집으로 돌아갈 일만 남았네요. 또는 캐릭터의 역사 프로젝트를 완료했습니다. 라이벌과의 축구 경기에서 승리하거나 졌지요.

진정한 기쁨과 해방감이 동시에 존재합니다.

이야기의 시작은 이야기 속 가상 세계로 들어갈 것임을 알려주는 역할을 하지만 결말은 우리가 존재하는 현실로 돌아가야 함을 다시 한번 일깨워줍니다. 셰익스피어의 희곡 『한여름 밤의 꿈』에서 후반부에 등장하는 요정 퍽은 우리가 허구의 세계를 보고 있다고 알려줍니다. 커튼이 닫히고 조명이 켜지면 모두 눈물을 훔치고 맛있는 저녁을 먹으러 집으로 돌아가야 하지요.

설렘과 슬픔 모두 결말과 관련이 있습니다. 시작은 기대감을 불러일으키고 순조롭게 진행된다면 중반부에서 이야기를 탐색합니다. 그리고 결말은 그 기대를 충족시킵니다.

결말은 때로는 도덕적인 목적을 가질 수 있습니다. 범죄소설에서는 살인자를 찾아 처벌하기를 원합니다. 다른 결말에는 다른 목적이 있지만 그것 또한 올바르다고 느낍니다. 연인은 결혼하거나 함께 삽니다. 왕이 복수하고 도시가 건설되었습니다. 잃어버린 강아지를 찾습니다. 모든 것이 질서 정연해지는 해피 엔딩은

이렇게 해보세요
다음 상황에서
먼저 생각할 수 있는
3가지 결말을 적습니다.
한 어린 소녀가 자신이 원하는 건
무엇이든 줄 수 있는
마법 그릇을 찾습니다.

> **이렇게 해보세요**
> 좋아하는 책 3권의 결말을 생각해 보세요.
> 시작과 어떻게 호응하고 있나요?
> 어떻게 기대를 좌절시키고 또
> 만족시키고 있지요?

희망을 줍니다. 모든 것이 혼돈에 빠진 비극적인 결말은 삶의 불안전성을 일깨워주고요.

우리는 결말과 해결책을 찾습니다. 물론, 당신 이야기에서 모든 것이 해결되지 않은 상태로 남아 있기를 바라지 않는 한 말이지요. 결말을 내릴 시간은 충분합니다.

우리는 끈의 끝자락이 어떻게 생겼는지 알고 있습니다. 길의 끝, 불륜의 끝…. 하지만 어떻게 해야 모든 것은 유한하며 끝이 있다는 확고한 사실을 당신의 플롯과 이야기에 옮겨 만족스러우면서도 놀랍기까지 한 결말을 이끌어낼 수 있을까요? 어떻게 하면 당신의 서사가 지닌 특정한 한계에도 불구하고 틀에 박힌 결말을 피할 수 있을까요?

개연성 있는 결말 맺기

이야기를 끝낼 때 피해야 할 것이 많습니다. "그 모든 것은 꿈이었다…"와 같은 결말은 반드시 피해야 합니다. 그 꿈이 바로 꿈을 꾸는 인물의 성격이나 환경에 명백하게 영향을 미칠 때만 효과가 있습니다. 그렇지 않으면 독자에게 장난을 친 시시한 속임수로 전락하고 맙니다. 소설은 독자를 그럴듯한 허구의 세계로 이끌어야 합니다. 그런데 왜 우리가 방금 읽은 그 이야기가 소설 속 허구 세계의 일부조차 아니었다고 말하는 거지요?

아울러 예측 가능한 결말은 피해야 합니다. 물론 살인자를 찾아야 하고 괴물을 죽여야 하고 부부가 함께해야 합니다. 하지만 함정을 제공하는 것은 그들이 어떻게 그와 같은 결말에 이르느냐 하는 것입니다. 〈토이 스토리 3〉를 생각해 보세요. 마지막까지 장난감은 다 파괴될 것이라 믿었습니다. 그런데… 그냥 당신이 직접 보는 게 낫겠네요.

　결말은 당신의 장르에 적합해야 합니다. 재미있는 로맨스 코미디를 명확한 이유도 없이 세 번의 살인 사건으로 끝내는 것은 좋지 않습니다. 같은 이유에서 좀비 아포칼립스 공포 영화를 모두 다 친구가 되는 훈훈한 결말로 끝내는 것 역시 바람직하지 않지요.

　결말은 반드시 암시되고 복선이 깔려 있어야 합니다. 결말은 시작처럼 당신의 마음에 남습니다. 이야기의 중간 부분보다 결말을 더 많이 생각합니다. 제대로 반향을 불러일으켜야 합니다. 그렇다면 당신의 결말은 이야기의 논리에 적합해야 합니다. 결말은 분명 그럴듯하고 이전에 있었던 사건과 잘 맞아떨어져야 합니다. 깜짝 놀라 벌떡 일어나 앉게 해야 하지만 불가피한 상황이어야 합니다. 내가 가장 좋아하는 결말 중 하나는 에우리피데스의 연극 〈메데이아〉입니다. 메데이아는 아이들을 죽이고 (그녀에게는 나름의 이유가 있습니다) 벌을 받는 대신 용이 끄는 전차를 타고 날아갑니다. 메데이아가 아테네로 떠날 계획이라는 건 알고 있었지만 거기까지 가는 방법과 허락의 여부는 전혀 모르므로 효과가 좋

요르문간드의 형제인 늑대 펜리르는 라그나뢰크 이야기 중 일부입니다.

습니다. 그뿐만이 아닙니다. 메데이아가 태양신의 강력한 마녀이자 손녀라는 사실 역시 일깨워주지요. 놀랐습니다! 내가 가장 좋아하는 또 다른 결말은 셰익스피어의 『햄릿』에서 찾을 수 있습니다. 햄릿은 처음에는 정말 그러고 싶지 않았더라도 결국 클라우디우스에게 복수합니다. 그리고 시체는 쌓여갑니다. 단역인 어린 포틴브라스가 무대에 오릅니다. 하지만 그가 가져올 것은 무엇일까요? 새롭고 더 나은 정치 질서를 향한 약속일까요? 아니면 단순히 예전과 다를 바 없을까요?

끝과 시작

조지 엘리엇의 『플로스 강변의 물방앗간』의 결말은 읽을 때마다 눈물이 납니다. 1980년대 판타지 영화인 〈프린세스 브라이드〉를 볼 때면, 지금은 거의 모든 대사를 인용할 수 있을 정도로 여러 번 봤음에도 불구하고 결말이 매번 나를 흐뭇하게 합니다. 당신은 이야기의 인상적인 결말을 누군가의 마음에 영원히 남길 멋진 기회를 갖고 있습니다.

어떤 사람들은 글쓰기를 시작하기도 전에 책의 결말부터 생각합니다. 장면 하나, 대사 한 줄, 그들을 괴롭히는 그 무엇부터 말입니다. 그런 다음 다시 시작 부분으로 돌아가 어떤 사건이 그 시점까지 이어질 수 있는지 따집니다. 물론 캐릭터가 어디로 튈지 전혀 알지 못하는 사람도 있습니다.

반드시 둘 중 하나의 방법으로 시작할 필요는 없습니다. 여러분은 얼마든지 자기만의 방식으로 결정하고 전개할 수 있습니다. 개연성을 잘 생각해 보세요. 결말의 좋은 점은 결말이 그 자체의 시작, 새로운 시작을 모두 불러일으킨다는 점입니다.

이제 책의 끝부분에 와 있습니다. 이야기와 프롬프트를 재미있게 읽었기를 바랍니다. 다음 이야기에서 우리는 풍성하고 기묘한 북유럽신화로 돌아가 보겠습니다. 일반적으로 빅풋과 야만인을 둘러싼 설득력 있는 아이디어를 살펴봅니다. 이제 멋진 결말을 만들어보세요!

그리스신화 속 사냥의 여신 아르테미스는 제우스의 딸이자 아폴로의 쌍둥이 자매입니다. 로마 신화에서는 주피터의 딸 다이애나가 여기에 해당되지요.

토르와 거대한 뱀

북유럽신화에 나오는 이 떠들썩한 이야기는 결말에 관한 것입니다. 또한 종말의 시작에 관한 것이지요.

줄거리 요약

토르와 거대한 뱀인 요르문간드는 태어나서 오딘에 의해 바다에 던져진 순간부터 서로 적이었습니다. 거대한 뱀은 대양에서 계속 자라나 전 세계를 에워싸고 자기 꼬리를 움켜잡았습니다.

토르는 요르문간드와 세 번 마주칩니다. 맨 처음, 거인이 뱀을 고양이로 둔갑시킨 후 토르에게 들어 올려보라고 말했습니다. 고양이가 실제로 거대한 뱀이라는 사실을 모른 채 토르는 온 힘을 다해 간신히 한 발을 들어 올립니다. 토르가 그것을 완전히 들어 올릴 수 있었다면 온 우주를 바꿔놓았을 거예요.

두 번째 마주침은 토르가 다른 거인과 낚시 여행을 하고 있을 때입니다. 이 거인은 토르에게 어떤 미끼도 주지 않았지요. 화가 난 토르는 거인이 가진 소의 목을 잘라 그것을 미끼로 사용했습니다. 요르문간드가 미끼를 물었고 토르는 그를 끌어올렸습니다. 그 광경을 상상해 보세요. 바다에서 솟아오르고 있는, 산보다 더 광대하고 비늘로 뒤덮인 머리에 송곳니는 나무보다 더 길고 눈은 바위처럼 생긴…. 토르가 망치로 뱀을 박살 내려는 순간 거인이 낚싯줄을 끊자 뱀은 잔물결도 거의 일으키지 않고 해저 바닥으로 다시 가라앉았습니다.

세 번째 만남은 모든 것의 끝이 시작되는 순간이었습니다. 세상의 종말인 라그나뢰크의 징조 중 하나, 바로 바다의 출렁임과 폭풍이었습니다. 거대한 뱀은 마침내 그의 형제인 늑대 펜리르를 찾아 마른 땅으로 빠져나갑니다.

토르는 세상을 구하기 위해 요르문간드와 싸워야 합니다. 산처럼 거대한 뱀과 마지막으로 대결합니다. 그들의 전투는 세상이 그들을 둘러싸고 무너지는 동안에도 계속되었습니다. 그렇지만 결국에는 별다른 의미가 없지요. 어쨌든 세상은 끝날 것이었으니까요. 토르는 망치를 한 번 크게 내리쳐서 뱀을 해치웠습니다. 그다음, 가까스로 아홉 걸음을 비틀거리다가 땅에 고꾸라졌습니다. 그렇게 신은 죽었습니다.

PROMPTS

다른 결말을 살펴볼까요?

전조

거대한 뱀은 토르를 세 번 만납니다. 뱀의 관점에서 그들이 처음 만났을 때를 묘사하십시오. 결말을 예고하려고 노력하세요.

망치로 내려치기

토르에게 망치에 대한 감각을 부여하세요. 그것은 세상의 종말을 어떻게 느낄까요? 그것은 어떻게 말할까요?

육지와 바다

육지에 있는 생물은 바다의 침략을 받을 것입니다. 나무 꼭대기에서 지켜보던 바이킹 소녀의 관점에서 네 단락을 써 보세요.

신의 죽음

예상치 못한 일이 벌어졌어요. 가슴이 미어집니다. 거대한 뱀 요르문간드와 토르의 전투를 묘사하세요. 감정적이고 육체적인 디테일을 통해 신의 죽음을 강조합니다.

나만의 신화 만들기!
원하는 것은 무엇이든 할 수 있습니다! 다른 판테온에서 어떤 신을 데리고 올 수 있을까요? 아폴론에게 도움을 청할 수 있을까요? 아니면 이집트의 신들? 아니면 당신이 창조한 신?

글자 그대로
요르문간드는 '거대한 괴물'이라는 뜻이에요.
그는 자신의 꼬리를 먹어요.
바로 우로보로스(Ouroboros '꼬리를 삼키는 자'라는 뜻의
그리스신화에 등장하는 용으로
자신의 꼬리를 물고 있다)지요.

요일
금요일이
'프레이야의 날'에서 온 것처럼
목요일은 '토르의 날'에서
유래했습니다.

귀결(payoff)

허를 찌르는 핵심 구절을 말합니다. 짧은 이야기에서 이것은 시작과 관련된 대사 한 줄 혹은 상징입니다.

클리프행어(cliffhanger)

손에 땀을 쥐게 하는 상황, 마지막 순간까지 결말을 알 수 없는 시합이나 경쟁, 플롯이 해결되지 않은 결말입니다.

빅풋

빅풋은 결말에 등장할 뿐 실제로 특별한 이야기는 없습니다. 다만 거칠고 털이 수두룩한 인간과 비슷해 보이는 이 생물에 관한 아이디어는 많은 문화권에서 공통적으로 나타나고 있습니다. '빅풋(bigfoot)'이라는 단어는 큰곰의 별명에서 유래한 것으로 보입니다. 그것은 새스콰치 원인(Sasquatch)과 연어를 훔치거나 아이들을 낚아채는 다른 야만인과 합쳐진 개념입니다. 영국의 숲속 원시인(Wodwos)과 그린맨, 티베트의 설인, 그들은 곳곳에 퍼져 있습니다. 새로운 기술을 이 아이디어에 적용한 후 당신만의 이야기를 만들어보세요. 시작이 어떻게 끝으로 이어져야 하는지 생각해 보기를 바랍니다. 줄거리를 정하고 출발!

줄거리 요약

정말이지 아주 편안한 사냥 여행이 될 뻔했습니다. 샘과 아버지는 이미 이틀 밤째 캠핑 중이었고 샘은 모기와 단단한 땅, 냄새에 거의 익숙해져 있었습니다. 하지만 샘은 밤의 어둠이나 주변 황야에서 들려오는 소리에는 익숙해지지 않았습니다. 그들은 아직 아무것도 잡지 못했지만 샘은 개의치 않았고, 그의 아버지도 마찬가지라고 생각했습니다. 대신 그들은 사슴을 찾아 숲 속을 이리저리 헤매고 다니는 것만으로도 충분히 즐거운 시간이었습니다.

셋째 날 밤은 유난히 어둡고 추웠습니다. 샘은 잠을 잘 수가 없었습니다. 스웨터를 껴입었지만 소용이 없었습니다. 난롯가에 가서 앉아야 할 것 같았습니다. 그는 텐트 덮개 쪽으로 다가갔습니다.

그때 뒤적거리는 소리가 들렸습니다. 꿀꿀거리는 소리도 들립니다. 무언가가 가방 속을 뒤지고 있었습니다. 샘은 밖을 내다보았습니다. 작은 불꽃에 형체가 보입니다. 대단히 큽니다. 샘의 심장이 쪼그라들었습니다. 곰이었습니다. 하지만 곰이라면 절대 하지 않을 일을 했습니다. 바로 뒷다리로 서서 인간처럼 세상을 좌우로 바라보는 것이었습니다. 일순간 샘은 그것이 자신을 똑바로 바라보고 있다고 생각했습니다. 그것은 순식간에 감쪽같이 사라졌습니다.

다음 날 아침, 샘은 그들의 소지품이 뒤섞여 있는 것을 발견했습니다. 통조림과 포장된 음식은 대부분 온전했습니다. 하지만 신선한 것은 다 사라지고 없었습니다. 불 옆에 발자국이 있습니다. 아버지는 자기 신발을 그 옆에 내려놓았습니다. 그리고 다른 신발을 연이어 붙여서 한 줄로 다시 내려놓았습니다. 발자국 길이는 남자 신발 두 켤레를 이어놓은 것만큼 길었습니다!
"샘" 그가 말했습니다. "카메라 꺼내!"

거대한 발자국을 찍은 사진은 전국 신문 1면을 장식했고 전 세계 언론을 장식했습니다. 샘과 아버지는 사슴은 잡지 못했지만 분명히 무언가를 포착했던 것입니다. 만약 그것이 무엇인지 알았다면….

PROMPTS

이야기를 통해 얻을 수 있는 이로운 점을 찾아봅시다

일련의 매우 불행한 사건

빅풋 아이가 부모 모르게 외출하는 경우를 '만약에…'를 사용하여 설명합니다. 끝이 시작을 반영하도록 합니다.

분위기

'고립'이라는 단어를 주제로 삼아 숲을 묘사해 보세요.

결과

빅풋이 발견되면 발생할 수 있는 결과를 생각해 보십시오. 이것이 과학에서 의미하는 바는 무엇입니까?

구성하기

배낭, 지도, 신비한 이빨, 활과 화살, 테디베어 같은 물건을 사용하여 이야기를 구성하고 마무리합니다.

나만의 신화 만들기!

빅풋에게 도움이 된 일에 대해 감사 편지를 쓰십시오.

코다(coda)
다른 느슨한 결말을 묶는
이야기의 부록입니다.

후기(postscript)
추후 생각한 것에 덧붙여진
어떤 것을 말합니다.

야만인
미국과 캐나다 로키산맥 일대에 산다는
새스콰치 원인을 가리킵니다.
새스콰치는 인디언 언어로
'털이 많은 거인'이라는 뜻입니다.

미확인 생물
빅풋과 같은 생물에 관한 연구를 미확인 생물학(cryptozoology)이라고 부릅니다.

라그나뢰크

온 세상의 종말에 관한 이야기로 책을 마무리한다면 딱 좋을 것 같네요. 라그나뢰크는 신도 죽을 수 있고 우주가 파괴될 수도 있음을 알려주기 때문에 가장 문제적인 신화라고 할 수 있습니다. 결말로 이 라그나뢰크를 이길 것은 없을 것입니다. 그러나 그 안에는 희망의 씨앗도 들어 있습니다. 바로 그것이 마지막 원형 스토리로 라그나뢰크 이야기를 하는 이유입니다.

줄거리 요약

신들은 '그날'이 오리라는 걸 알고 있었습니다. 그들은 처음부터 자신들에게 종말이 닥쳐와 완전한 어둠과 텅 빈 공허 속으로 사라질 것임을 알고 있었습니다. 처음에는 끝없는 겨울, 즉 핌불베트르(Fimbulwinter)가 올 것입니다. 헤임달은 있는 힘을 다해 뿔피리를 불 것이고 그 소리는 신들의 집을 흔들어 놓을 정도로 세게 울려 퍼질 것입니다. 거대하고 위험한 뱀 요르문간드가 몸을 뒤틀어 흔들면서 점점 더 육지 가까이로 올라오면 파도는 사납게 으르렁거릴 것입니다. 토르는 격렬한 감정에 휩싸인 채 괴물과 싸우기 위해 돌격할 것입니다. 온 대지와 하늘이 흔들리지만 나글파르는 배의 닻을 풀고 바다로 나아갑니다. 인간의 손톱으로 만들어진 이 배는 거인들로 꽉 들어차며 혼돈을 불러올 것입니다. 로키가 배의 키잡이가 될 것입니다. 거인 수트르는 빛나는 검을 들고 남쪽에서 성큼 건너와 프레이르와 싸우고, 늑대 펜리르는 이글거리는 눈빛을 내뿜으면서 오딘을 직접 공격할 것입니다.

신들은 싸웠습니다. 그리고 패했습니다. 오딘은 죽었습니다. 프레이르도 죽었습니다. 토르는 거대한 뱀 요르문간드와 싸우다 죽었습니다. 태양은 검게 변했고 마침내 영원히 태양을 좇던 펜리르에게 잡아먹혔습니다. 땅은 바다에 가라앉았고 별은 사라지고 화염이 하늘에 닿습니다. 아무것도 보이지 않습니다. 텅 빈 공허만 남았지요.

그러나 몇몇 신들은 그 참혹한 종말에서도 살아남았습니다. 지칠 대로 지친 신들은 이다볼의 들판에서 다시 만났고 잿더미에서 새로운 도시를 건설했습니다. 몸을 숨기고 있던 두 사람, 남자와 여자가 밖으로 나와 평화롭고 기쁘게 살았습니다. 새로운 태양이 떠올랐지요.

무엇보다도 가장 좋은 것이 남았습니다. 오래전에 로키의 간교한 속임수로 죽임을 당한 신, 가장 아름다웠던 신, 그의 죽음에 온 우주가 구슬피 울었던 신, 발데르가 지하세계에서 돌아왔습니다.

그리고 마침내 끝은 새로운 시작이 되었습니다.

PROMPTS

결국 세상의 종말이 도래했군요!

운명의 아침
세상의 종말이 시작되는 아침을 묘사하는 글을 쓰십시오.

세부 사항
헤임달, 세상에서 가장 커다란 뱀 요르문간드, 수트르 중 하나를 선택한 후 정말 자세한 설명을 적어보세요.

단어 연상
'종말' 바로 다음 생각나는 단어 10개를 순서대로 적으세요.

나만의 신화 만들기!
종말을 피하는 방법? 신들은 종말을 막기 위해 무엇을 할 수 있습니까? 3명의 신이 각자 자기 손으로 사태를 처리하기로 결심하는 장면을 작성하십시오.

당신은 이제 작가입니다!

다 왔습니다! 우리가 해냈어요! 이제 나는 당신, 나의 친애하는 작가 친구에게 바통을 넘기겠습니다. 친구여, 펜을 들고 원하는 것을 마음껏 쓰세요!

결말(closure)
서사가 갈등을 해결할 때를 말합니다.

에필로그(epilogue)
이것은 종종
속편을 예고하기도
합니다.

예견된 종말
라그나뢰크라는 말은 '신들의 운명'을 의미합니다.

신은 사라졌다?
어떤 사람들은 라그나뢰크 이야기가
그리스도의 등장 이후 신적 존재에 대한
믿음의 종말을 표상한다고
말하기도 합니다.

영감을 불러일으키는 또 다른 이야기들

많은 환상적인 이야기의 시놉시스가 여기 있습니다. 전부 소개하고 싶은 '신화 같은' 이야기입니다. 상상력을 펼치기 위한 발판으로 사용하세요.

아난시와 하늘 신 이야기

트릭스터 아난시는 하늘 신의 이야기를 사고 싶어 합니다. 비단뱀, 표범, 요정, 말벌을 대가로 치르지 않으면 그 이야기를 가질 수 없습니다. 아난시는 특유의 교활함으로 그들을 모두 사로잡아 이야기를 가져갑니다.

베투슈카와 황금 잎사귀

달콤하고 씁싸름한 체코의 동화입니다. 베투슈카는 한 요정 아가씨를 만납니다. 그 요정은 베투슈카와 종일 춤을 추고는 자작나무 잎이 든 바구니를 주지요. 요정은 집으로 돌아가기 전까지 바구니 안을 들여다보지 말라고 말합니다. 물론 베투슈카는 가는 길에 안을 들여다보았고 잎사귀가 든 것을 발견하고는 버립니다. 하지만 집에 도착한 베투슈카는 바구니에 남아 있던 잎사귀 하나가 금으로 바뀌었다는 것을 알게 됩니다.

푸른 수염

잔혹한 동화지만 현대 작가들에게는 매우 영향력이 큰 이야기입니다. 한 신부가 결혼해 성에서 살게 됩니다. 그런데 남편으로부터 어떤 특별한 방에는 절대 들어가지 말라는 이야기를 듣습니다. 하지만 신부는 그 방에 들어갑니다. 거기에서 푸른 수염의 예전 신부들이 살해된 채 싸늘한 주검으로 변해 있는 모습을 발견하게 되지요. 그녀는 기지를 발휘해 그를 물리칩니다.

차일드 롤랑과 버드 엘렌

매혹적인 동화입니다. 버드 엘렌은 교회 건물 주위를 시계 반대 방향으로 빙 돌아서 공을 찾으러 갑니다. 그녀는 엘프랜드의 왕에게 납치되었고 롤랑은 버드 엘렌을 찾기 위한 퀘스트를 달성해야 합니다.

에코와 나르키소스

신랄함으로 가득 찬 이야기입니다. 헤라의 저주를 받은 에코는 오로지 사람들의 마지막 말만을 따라 할 수밖에 없습니다. 그래서 아름다운 소년 나르키소스를 향한 에코의 사랑은 그의 귀에 들리지 않습니다. 나르키소스는 자신의 모습을 보고 사랑에 빠져 한 떨기 꽃으로 변합니다.

충실한 사냥개 겔러트

위대한 허웰린(Llywelyn the Great)이라고 불리는 웨일스 왕자에 관한 가슴 아픈 이야기입니다. 그는 집으로 돌아와 자기 아이와 그 옆에 피범벅이 된 사냥개 겔러트를 발견합니다. 그는 분노에 휩싸여 개를 죽였으나 아이는 다치지 않았고 그 옆에는 죽은 늑대가 있었습니다. 왕자는 충실한 사냥개를 예를 다해 묻어주었습니다.

고슴도치 한스

자식을 간절히 바라던 아버지에게서 몸의 위쪽은 고슴도치, 나머지 절반은 사내아이의 모습으로 태어난 한스의 이야기를 다룬 그림 동화입니다. 가족에게 버림받은 한스는 애완용 수탉을 타고 여기저기를 다니며 공주와 왕국의 절반을 차지합니다.

헤라클레스와 케르베로스

아이들을 죽인 죄를 참회하기 위해 헤라클레스는 12가지 임무를 수행해야 합니다. 에우리스테우스 왕은 마지막으로 헤라클레스를 하데스에게 보내 머리가 3개 달린 지옥을 지키는 문지기 개인 케르베로스를 데려오도록 합니다.

해는 어떻게 만들어졌을까?

호주의 '꿈의 시간(Dream Time 세상이 창조되기 전 신성한 시대)'에서 유래한 설화에 의하면 에뮤의 알이 깨지면서 노른자가 흘러나와 세상을 밝혔다고 합니다.

잭과 콩나무

성장과 마법에 관한 단순한 이야기입니다. 소년은 소를 팔아 마법 콩을 얻습니다. 콩은 자라서 거대한 콩나무가 되지요. 소년은 콩나무를 타고 올라가 거인의 성으로 들어가게 되는데 그곳에서 노래하는 하프와 황금알을 낳는 거위 등 많은 보물을 발견합니다.

자칼일까 호랑이일까?

힌두스탄 왕과 왕비는 밖에서 들리는 길게 짖는 소리가 자칼인지 호랑이인지를 두고 다툽니다. 왕비는 추방되지요. 그러나 왕비의 아들이 성장하여 요정의 도움을 받아 수많은 모험을 겪은 끝에 가족이 다시 모이게 됩니다. 왕은 다시는 아내와 의견 충돌을 일으키지 않았습니다.

뱃사람 신드바드

『아라비안나이트』에는 많은 이야기가 있습니다. 남자 주인공은 각각 거대한 새, 괴물, 바다의 노인, 버드 피플(Bird People)을 포함한 마법 같은 모험이 담긴 7개의 환상적인 여행을 시작합니다.

벌과 오렌지 나무

17세기 마담 돌누아의 유쾌한 동화입니다. 공주는 배가 난파되어 식인 거인 부부의 손에 길러집니다. 공주는 식인 거인 부부의 아들과의 결혼을 피해 벌로 변합니다. 해피 엔딩이 기다리고 있으니 걱정은 붙들어 매세요.

코팅리 요정

20세기 초 두 소녀가 사람들을 속여 요정 사진을 찍었다고 믿게 만들었습니다. 진실과 허구가 어떻게 조화를 이루는지 탐구하세요.

빈 화분

죽어가던 중국 황제는 뒤를 이을 소년들에게 씨앗을 주라고 명령합니다. 가장 좋은 열매를 맺는 자가 황제가 됩니다. 다른 씨앗은 전부 다 잘 자라는데 유독 준의 씨앗만은 자라지 않습니다. 그는 빈 화분을 가지고 황제에게 갑니다. 하지만 놀라운 일이 일어났습니다. 곧 진실이 드러납니다.

마법 시계

멋진 스핀과 흔한 공식을 따른 프랑스 동화입니다. 어리석은 작은 아들은 두 형제를 따라 세상으로 나갑니다. 개, 고양이, 뱀의 도움으로 그는 마법 시계를 얻지요. 마법 시계는 아버지에게 감동을 주고 공주를 얻는 데 사용됩니다. 그러나 공주가 마법 시계를 훔칩니다. 결국 공주는 죽고 어리석은 아들은 집에 홀로 돌아갑니다.

인어 공주

한스 크리스티안 안데르센의 놀랍도록 흥미롭고도 슬픈 인어 공주 이야기에서 인어 공주는 인간 왕자에게 반했습니다. 공주는 그와 함께하기 위해 목소리를 포기하지만 끝내 사랑 받지 못합니다.

마법사 베르길리우스

이 이야기는 무엇이든 동화로 만들 수 있음을 증명합니다. 실제 로마 시인 베르길리우스에 관한 내용입니다. 여기서 그는 마법사입니다. 구리로 움직이는 두 마리의 개를 만든 후 몇 명의 강도를 물어 죽입니다. 그러고 난 뒤에 술탄의 딸과 결혼을 합니다.

스토리텔링
불변의 법칙

초판 1쇄 발행 2022년 2월 4일

지은이 필립 워맥   그린이 아넷 피르소   옮긴이 이현숙

펴낸이 김영범
펴낸곳 (주)북새통 · 토트출판사
주소 서울시 마포구 월드컵로36길 18 삼라마이다스 902호 (우)03938
대표전화 02-338-0117   팩스 02-338-7160
출판등록 2009년 3월 19일 제 315-2009-000018호   이메일 thothbook@naver.com

© 필립 워맥, 2021
ISBN 979-11-87444-75-6   13190

잘못된 책은 구입한 서점에서 교환해 드립니다.